高等职业教育汽车整形技术专业规划教材

Qiche Banjin Gongyi

汽车钣金工艺

交通职业教育教学指导委员会 组织编写
郭建明 编 著
崔选盟 主 审

人民交通出版社股份有限公司
China Communications Press Co.,Ltd.

内 容 提 要

本书为高等职业教育汽车整形技术专业规划教材。主要内容包括：打磨、钢板的钣金锤修复、钢板的机械修复、车身钣金件的切割、钢板的气体保护焊焊接、薄钢板的电阻点焊、塑料件的焊接修理 7 个学习任务。

本书可作为高职院校汽车整形技术专业的教材，也可作为汽车车身修复人员的参考用书。

图书在版编目(CIP)数据

汽车钣金工艺 / 郭建明编著. —北京:人民交通出版社股份有限公司, 2015.11
ISBN 978-7-114-12544-7

Ⅰ.①汽… Ⅱ.①郭… Ⅲ.①汽车—钣金工—高等职业教育—教材 Ⅳ.①U472.4

中国版本图书馆 CIP 数据核字(2015)第 244602 号

书　　名：**汽车钣金工艺**
著 作 者：郭建明
责任编辑：翁志新
出版发行：人民交通出版社股份有限公司
地　　址：(100011)北京市朝阳区安定门外外馆斜街 3 号
网　　址：http://www.ccpcl.com.cn
销售电话：(010)59757973
总 经 销：人民交通出版社股份有限公司发行部
经　　销：各地新华书店
印　　刷：北京虎彩文化传播有限公司
开　　本：787×1092　1/16
印　　张：8.75
字　　数：189 千
版　　次：2015 年 11 月　第 1 版
印　　次：2022 年 7 月　第 3 次印刷
书　　号：ISBN 978-7-114-12544-7
定　　价：22.00 元
(有印刷、装订质量问题的图书由本公司负责调换)

前　言

为贯彻《国务院关于大力发展职业教育的决定》以及教育部制定的《国家教育事业发展"十一五"规划纲要》精神,深化职业教育教学改革,积极推进课程改革和教材建设,满足职业教育发展的新需求,交通职业教育教学指导委员会汽车运用与维修专业指导委员会组织全国交通职业技术院校的骨干教师及相关企业的专业人员,编写了本套高等职业教育规划教材,供高等职业院校汽车整形技术专业教学使用。

本系列教材在组织编写过程中,认真总结了全国交通职业院校多年来的专业教学经验,注意吸收发达国家先进的职教理念和方法,形成了以下特色:

1. 推行工学结合的人才培养模式。汽车整形技术专业建设,从市场调研、职业分析,到专业教学标准、课程标准开发,再到课程方案制订、教材编写的全过程,都是交通职业院校的教师与相关企业的专业人员一起合作完成的,真正实现了学校和企业的紧密结合。本专业的课程也体现出了工学结合的本质特征——"学习的内容是工作,通过工作实现学习"。

2. 体现任务驱动的课程教学理念。以职业岗位的典型工作任务为驱动,确定理论与实践一体化的学习任务,按照工作过程组织学习过程。每个学习任务既有知识学习,又有技能操作,是工作要求、工作对象、工具、方法与劳动组织方式的有机整体。

3. 倡导行动导向的引导式教学方法。本系列教材注重对学习目标和引导问题的设计,体现以学生为主体,强化学生的地位,给学生留下充分思考、实践与合作交流的时间和空间,让学生亲身经历从观察→操作→交流→反思的活动过程。

4. 提供紧密结合职业岗位的技术内容。教材内容力求符合最新的国家及行业相关技术岗位标准以及技能鉴定的要求,为学生考取双证提供基础。

5. 采用全新的结构编排模式。本系列教材打破了传统教材的章节体例,以典型学习任务为一个相对完整的学习过程,每个学习任务的内容相互独立但又有内在的联系。在每个学习任务开篇处,都以解决职业问题、完成岗位任务为导引,设定学习目标、任务描述和学习引导三个栏目,围绕工作任务聚焦知识和技能;正文则由相关知识、任务实施和评价反馈三部分内容组成,实现了理论实践一体化。

《汽车钣金工艺》是本系列教材中的一本。与传统同类教材相比,本教材紧跟汽车钣金维修的发展,补充了很多现代车身钣金维修的新设备、新工艺、新方法,摒弃了很多车身钣金维修中已不采用或不允许采用的工艺方法,结合实际生产和教学,对每种工艺的操作注意事项进行了详细阐述,特别强调了实施学习任务时的安全防护,还制定出了常用钣金工艺的考核标准。为配合行动导向教学法的实施,专门针对每个学习任务,按照科学的教学实施过程,开发出了对应的"教学工作页"。

参加本书编写工作的有：陕西交通职业技术学院的郭建明（编写所有学习任务及开发教学工作页）、陕西交通职业技术学院的李占锋、王亚平、王飞（素材案例收集、整理）、从事汽车钣金维修工作22年的陕西银光汽车贸易有限公司的技师王保锋（学习任务1～6技术支持、教材插图拍摄）和专门从事塑料件维修20余年的慧谷塑料件维修中心的王刚（学习任务7技术支持）。全书由陕西交通职业技术学院的崔选盟教授担任主审。

限于编者经历和水平，教材内容难以覆盖全国各地的实际情况，希望各教学单位在积极选用和推广本系列教材的同时，注重总结经验，及时提出修改意见和建议，以便再版修订时改正。

编 者

2015年8月

目　录

目　录

学习任务1　打　　磨

学习目标

1. 知道打磨工具的种类和特点；
2. 能用电动角磨机或单动作气动打磨机清除旧漆层；
3. 能用电动角磨机打磨焊疤；
4. 会更换砂轮片、电刷和维护打磨机。

任务描述

以旧漆打磨和焊疤打磨为例，通过完成该学习任务，掌握不同打磨工具的使用场合和操作方法，在做好安全防护的前提下，独立完成除旧漆打磨和焊疤打磨。

学习引导

本学习任务沿着以下脉络进行学习：

打磨的基础知识→打磨设备的分类、结构、维护→打磨安全防护→打磨旧漆层→打磨焊疤→讨论并分析任务实施中所遇到的问题→技能考核→评价反馈。

一、相 关 知 识

打磨机是以压缩空气或电力作为动力源，驱动打磨头旋转或移动，与砂轮、砂布、砂纸等磨具配合作业。适用于表面平整部位的处理，与手工工具相比工作效率高，在现代车身维修中普遍采用。

打磨机能够降低操作人员的劳动强度及提高涂装质量。打磨机的种类很多，根据动力来分，有电动和气动；根据形状来分，有圆盘式和板式；根据砂纸的运动方向分，有单向旋转式打磨机、轨道单振动式打磨机、双轨道偏心振动式打磨机、往复直线式打磨机。不同种类的打磨机适用于不同的工作需要。

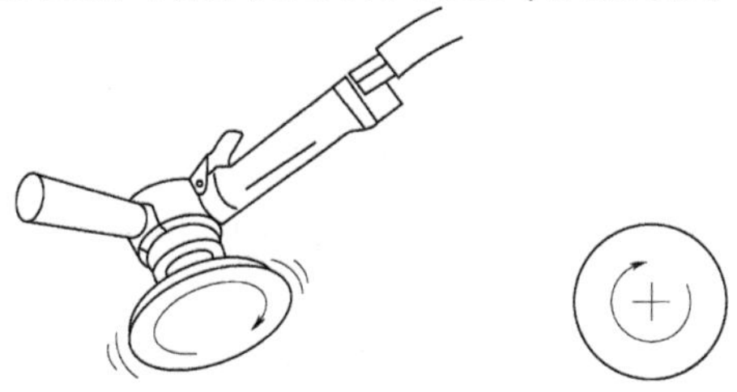

图 1-1　单向旋转式打磨机

1. 气动打磨机

气动单向旋转式打磨机如图 1-1 所示，打磨盘垫绕一个固定的点转动，砂纸只作单一圆周运动。用于粗打磨工作，可用于清除铁锈、打磨旧涂层。换上抛光盘也可用于涂膜抛光。打磨盘垫做单向圆周运动，盘面中心和边缘存在速度差，造成打磨不均匀及产生圆形磨痕，所以在操作时不能把打磨盘垫平放在打磨面上，而是利用旋转边缘约 30mm 作为打磨时的打磨面，操作时要轻微倾斜，以获得最佳打磨效果。

1)气动打磨机的特点

气动打磨机和电动打磨机的基本原理相同，仅区别于使用的动力源上，汽车钣金和涂装作业中气动打磨机使用较多，这主要基于以下原因：

(1)工作时产生热量少，转速和转矩可调节，发生过载或失速危险性小。

(2)工具质量轻，便于提携。

(3)由于不直接使用电，能避免因电路短路或损坏发生触电及火花引起火灾，安全性相对较高。

(4)结构简单，经久耐用，节约成本。

2)气动打磨机的日常维护及使用注意事项

(1)操作之前应检查每个螺钉、螺母是否松动或脱落。

(2)使用的压缩空气压力在 0.6MPa 以下，防止气压太高造成损坏。压缩空气应无水分，防止水汽造成打磨机内部生锈，加速机件磨损，从而缩短打磨机的使用寿命。

(3)使用与磨盘或衬垫尺寸相符合的砂纸。

(4)打磨机连续使用 30min 应适当休息，防止过载运转，导致缩短打磨机的使用寿命，或直接造成损坏。

(5)操作时发生异响或不正常振动，应关机检查。

(6)在连接压缩空气管时，要注意避免脏物流入。

(7)打磨到工件的边角时，要非常小心，否则极易破坏砂纸，甚至破坏打磨头。这一现象在学生练习时经常出现。注意的要点是保证砂纸与工件接触部位的运动方向是远离边角，而不是指向边角，如图 1-2 所示。

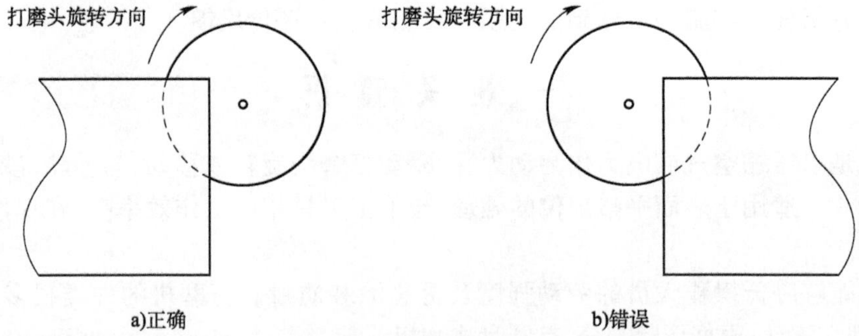

图 1-2　打磨头旋转方向与工件边角的关系

更换托盘时，认真按照使用说明书的要求进行。

(8)在打磨工作完毕时，在打磨机还未完全停下之前，不要放下打磨机，以免接触其他物体造成无谓的损伤。

(9)打磨工作完毕后，应把砂纸取下，用压缩空气清除打磨机上的灰尘、污物，不能因贪图方便而使用溶剂浸泡清洗。

(10)每天工作完毕后,应用专用工具把专用润滑脂或用标准自动变速器油代替,由进气口(或按使用说明书)注入少许,并让打磨机低速运转约1min。

2. 电动角磨机

1)电动角磨机基本知识

电动角磨机是一种以高速旋转的砂轮来磨削或切割工件的机具,如图1-3所示。在钣金作业中,用砂轮机可进行打磨车架、车身各部骨架及覆盖件、构件的毛刺、焊缝毛边及不平点,使其表面平整或进行板件切割。按要求,打磨时要用角磨片(如图1-4所示),切割时要用切割片(图1-5a),两者不能混用。角磨片厚度一般为 $b=6\text{mm}$,中心孔直径 $d=16\text{mm}$,而切割片常用的厚度 $b=1.2\text{mm}$、2mm、3mm,切割片在汽车钣金维修中很少采用。电动角磨机是利用电动机来驱动砂轮旋转的。电动角磨机一般按砂轮直径分为不同规格,汽车钣金维修中常用有100mm、115mm和125mm三种规格。砂轮是用硬质砂粒通过高强度黏接材料(有的还加入丝网加强)压制而成的。

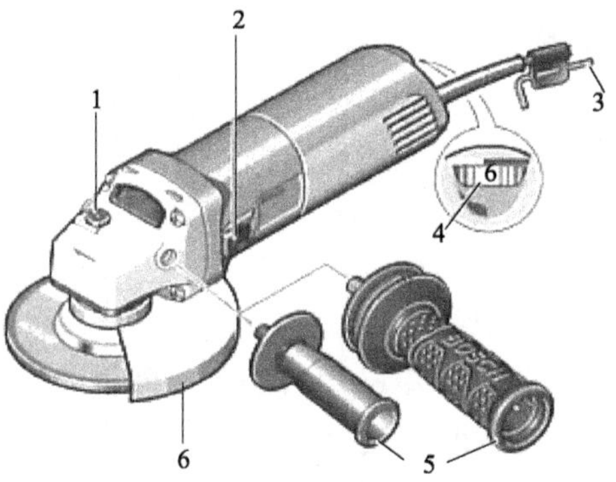

图1-3 砂轮机

1-主轴锁定键;2-起停开关;3-内六方扳手;4-调速关;5-辅助手柄;6-防护罩

a)正面

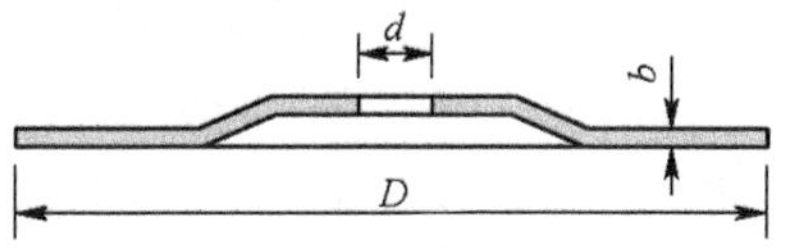

b)断面结构

图1-4 角磨片

d-砂轮片安装孔直径;*b*-砂轮片厚度;*D*-砂轮片外径

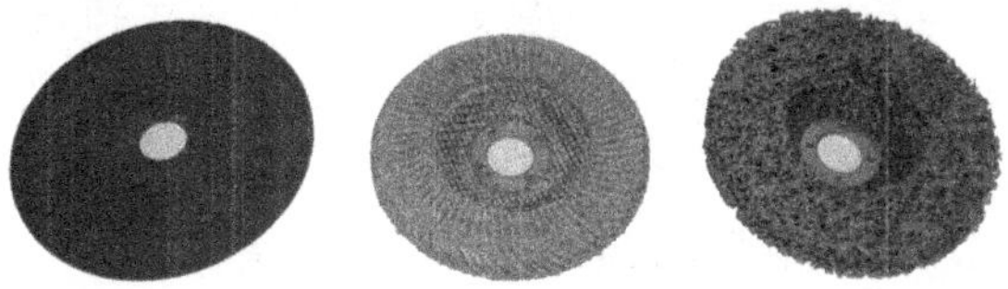

a)切割片　b)平面砂布轮　c)黑金刚

图1-5 角磨机常用配件

有些修理厂用角磨片来清除旧漆膜,这一般是不允许的。因为角磨片虽然清除旧漆膜效率高,尤其是对多次维修的车身板(原子灰较厚),但稍不注意,会明显损伤钢板(尤其是镀锌板)或使钢板变形(打磨会产生大量热量)。

目前，很多修理厂在清除旧漆膜或除锈时使用新型研磨轮，俗称“黑金刚”，如图1-5c)所示。这种研磨轮是以纤维丝网作为载体，利用树脂弹性地将锋利的研磨砂粒结实地附着于纤维丝网上，与普通砂轮片相比，黑金刚有以下优点：

(1)安全。不像砂轮片可能破裂，也不像钢丝轮可能会因钢丝脱落而伤人。

(2)研磨力均匀，加工结果均匀。由于纤维上的砂粒分布均匀，当表面一层耗损后，新的研磨纤维又能立即发挥效果，使加工结果均匀一致。

(3)耐水性强。特殊纤维材料耐水、耐油。

(4)可塑性强。柔软度很好，可适用于各种形状的被研磨工件。

(5)污垢不会堵塞研磨绒面细缝。研磨纤维损耗后，新磨削面自然形成，污垢不会堵塞细缝，使研磨面常保如新。

(6)增加被研磨物的表面附着力。研磨纤维可在物体表面留下超细微痕迹，可增加与底漆的附着效果。

(7)控制切量。不致过度切削被研磨物，在打磨镀锌钢板时这点尤为重要(目前很多车身为了防止腐蚀而采用镀锌钢板制成)。

但黑金刚的价格相对高一些，且相对角磨片寿命较短。

有些修理厂在除旧漆膜时，还使用平面砂布轮，如图1-5b)所示，也叫“强力弹性磨盘”、“百叶轮”、“纸砂碟”。这种纸砂碟寿命更短，但价格很便宜，打磨更柔和。其实它更适合于塑料焊疤的打磨。

2)电动角磨机使用注意事项

(1)电气部分应保持完好，不可有漏电现象，应保持清洁、干燥，不可沾有水、油污等。

(2)开机前应检查砂轮片是否完好，不得有缺损或裂纹。有缺损或裂纹的砂轮片在使用时极易因冲击或振动而破裂。检查是否有裂纹时，除过目测外，还要用手指弹击或用木锤轻敲砂轮片，这时，不应有破碎声。长期不用的角磨机使用前应经全速试运行，以防因时间过长树脂老化而导致砂轮片破裂。

(3)角磨机防护罩应保持完好，严禁使用未带防护罩的角磨机，因为砂轮片有破裂的潜在危险。使用前应检查砂轮旋转方向是否正确，使用人员应戴好防护眼镜，不要站在出屑方向，以防止铁屑飞出伤人。同时，也要保证耳塞、皮手套(不能用线手套，以防线头绞入设备转轴)、工作鞋、防尘口罩等齐全有效，不要穿宽松的衣服或戴首饰来操作角磨机。

(4)一定要按规定力矩拧紧砂轮片的锁紧螺母，否则，在关掉角磨机开关后，锁紧螺母可能会因砂轮片的惯性力而自行松脱，从而导致砂轮片脱落(实际工作中出现过这一现象)。

(5)电插头插入电源插座前，仔细检查打磨机的电源开关是否处于关闭状态。

(6)使用时应先将角磨机空载启动，运行平稳后，再接触被加工的工件，严禁在砂轮与工件接触的状态下启动角磨机。角磨机开始接近工件要轻，避免猛烈撞击或卡住，损伤砂轮。角磨机启动前必须两手握紧，防止因启动转矩作用使其落地。

(7)两手应呈一前一后状握住机身的前后端，如图1-6所示，这样可以握得更稳，而不能均握在前端或后端，如图1-7所示。当然，更不能单手握持打磨机，如图1-8所示。另外，握住角磨机机身时不能遮盖住通风口，如图1-9所示，否则，易烧毁电动机。

(8)在车上打磨焊疤时应用帆布遮盖周围部件，如座椅、玻璃等，以防火灾。

(9)在打磨平面时，应将电源线甩在身后，以防砂轮片磨伤导线，如图1-10所示（这一问题在教学中经常出现）。

(10)拔插头时不能拽电源线。

(11)砂轮停止转动后才能放下角磨机。

(12)角磨机使用完毕必须切断电源，并妥善放置，防止损坏砂轮。

(13)若将砂轮片更换成切割片时，绝对不允许用侧面来打磨，而只能用于径向去切割。

(14)使用角磨片粗磨时，一般使磨片与工件约成30°角，精磨时约成15°角，图1-11所示为一种错误操作（角度过大，易伤钢板）。

(15)在清除旧漆膜时，无论是使用砂轮片、黑金刚或是平面砂布轮，当旧漆膜即将除净而快要接触到钢板时，一定要轻，以防打磨到钢板或因发热而使钢板变形。

3)角磨片的更换

正确安装角磨片非常重要，否则容易损坏角磨片，甚至伤人。

(1)压下锁销，用专用扳手旋松并取下压紧螺母，如图1-12所示，或用一个专用扳手固定住角磨机的转轴，用另一个专用扳手松开压紧螺母，如图1-13所示；

(2)换上新角磨片，确保中心孔完全套在内凸缘盘的定位台肩上；

(3)拧上压紧螺母（外凸缘盘），切记定位台肩朝向角磨片，并保证此台肩嵌入角磨片的中心孔。图1-14所示为外凸缘盘安装方向错误，这会导致角磨片无法定位。

(4)用专用扳手（或徒手）拧紧压紧螺母（力矩不能过大，否则下次拆卸时非常困难）；

(5)安装完成后要试运行至少1min，要求运转平稳，否则重新安装。

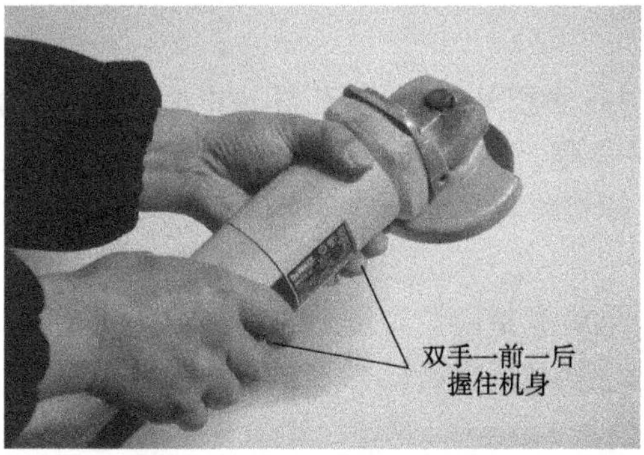

图1-6　握持角磨机的正确姿势

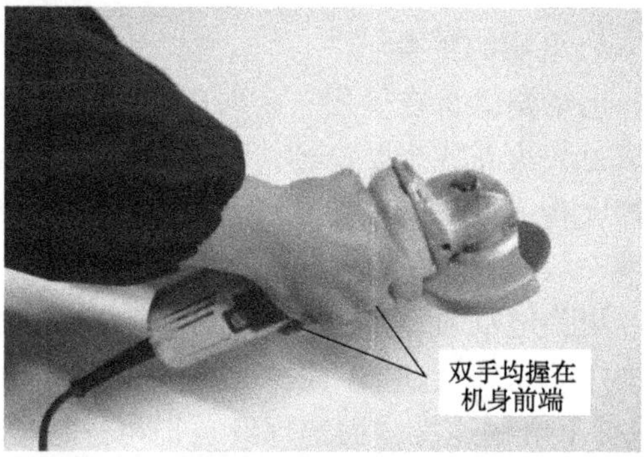

图1-7　握持角磨机错误姿势1

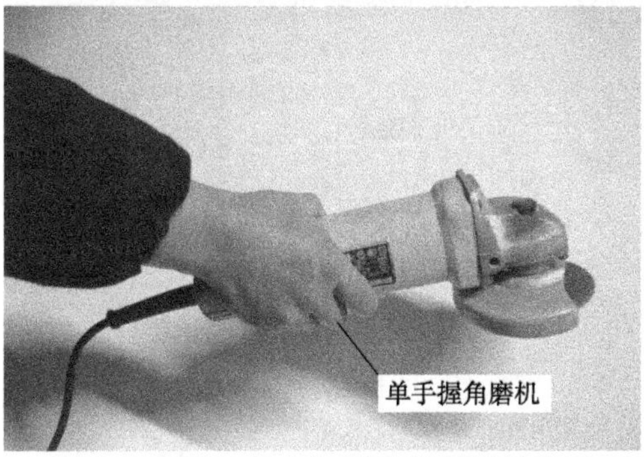

图1-8　握持角磨机错误姿势2

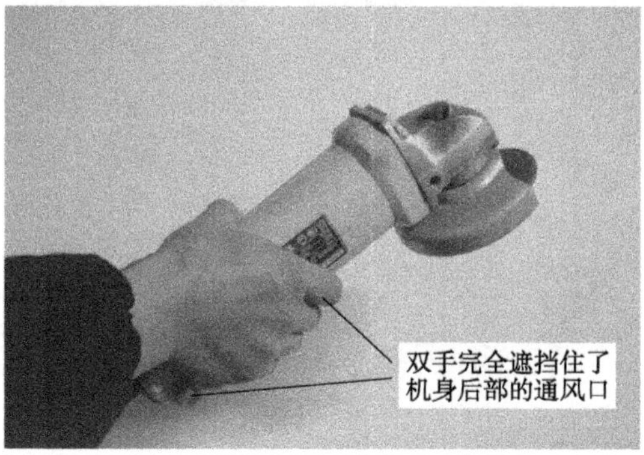

图1-9　握持角磨机错误姿势3

图 1-10　握持角磨机错误姿势 4

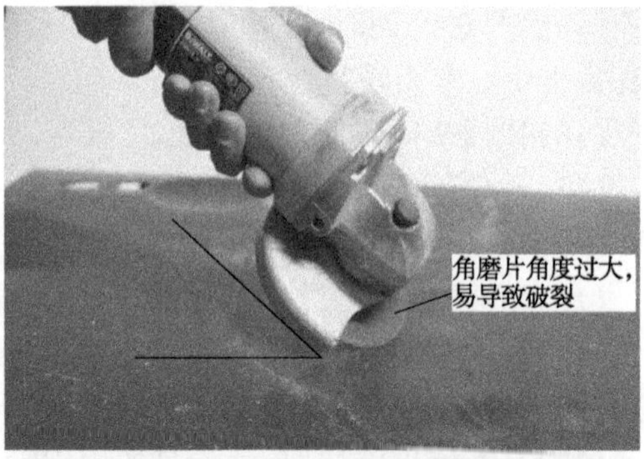

图 1-11　握持角磨机错误姿势 5

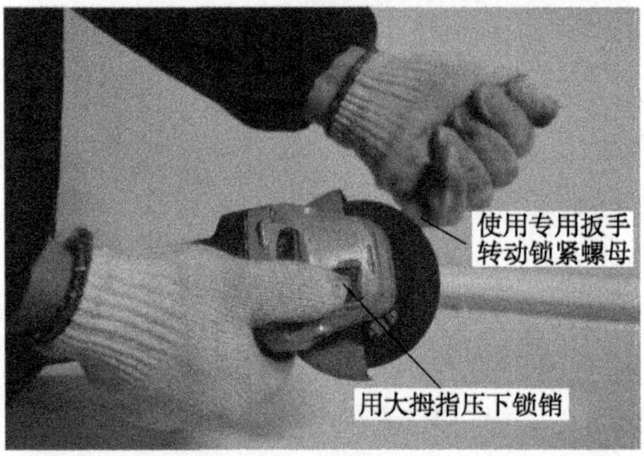

图 1-12　拆装角磨片方法 1

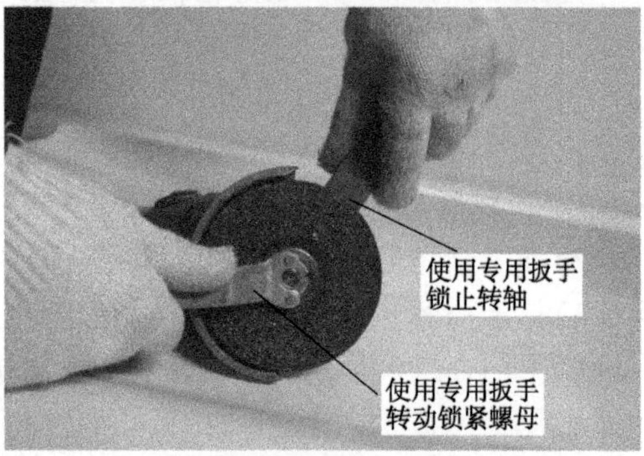

图 1-13　拆装角磨片方法 2

4）电刷的更换

电动角磨机在使用一定时间后，会出现电刷过度磨损的现象，从而导致电刷接触不良而形成过大火花或烧毁电枢。所以要经常检查更换电刷。在正常使用中，若从通风口处看到强烈火花或角磨机突然不转，在确认电源正常后，则可怀疑是否需要更换电刷。电刷的更换标准一般是 6mm，且两个电刷必须同时更换。

更换电刷时，应先拆下其压紧盖板，取出压紧螺旋弹簧（对于用扭簧压紧电刷的角磨机，则要用螺丝刀撬起或用铁丝钩起电刷压紧弹簧，如图 1-15 所示），然后拔出电刷连接线端子（或拧下电刷连接线固定螺钉），即可进行电刷更换。

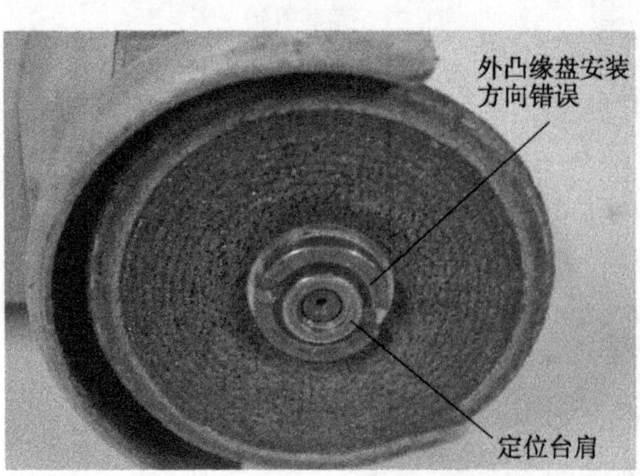

图 1-14　角磨片固定凸缘盘方向错误

图 1-15　角磨机电刷安装图

电刷更换后，要装上压紧弹簧，并在确保未夹卡内部接线的情况下，装上盖板。然后，空转几分钟，使电刷与换向器很好贴合。

二、任 务 实 施

1. 施工程序

在任务实施前，首先要正确掌握打磨的施工程序，如图1-16所示。

2. 准备工作

(1)安全防护。

工作鞋、工作服、工作帽、护目镜、防尘口罩、耳塞、皮手套等要齐全有效。

(2)设备准备。

根据打磨的具体内容(除旧漆、除锈、打磨焊疤)，选择所用设备，如电动角磨机、气动单动作打磨机，然后选择打磨轮(角磨片、百叶轮或黑金刚)和砂纸型号。使用前，先打开打磨设备，观察有无异常现象，若有异响、抖动、电源线破损漏电等，要及时解决，然后才能实施打磨。

(3)材料准备。

带漆层的车身板件、已焊接废件、生锈板件。

3. 除旧漆、除锈施工

(1)用手触摸并观察待打磨表面，确定好需要打磨的区域。

(2)紧握打磨机(干磨机)，采用P60～P80砂纸，以大约5°～10°的角度贴在漆膜上，接通开关，移动打磨机。

(3)打磨机向右移动时，托盘左上方的1/4对准待加工表面，如图1-17所示。

(4)打磨机向左移动时，托盘右上方的1/4对准待加工表面，如图1-18所示。

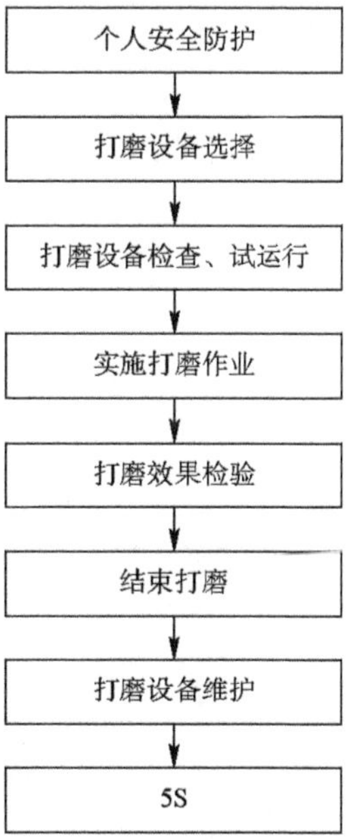

图1-16　打磨施工程序

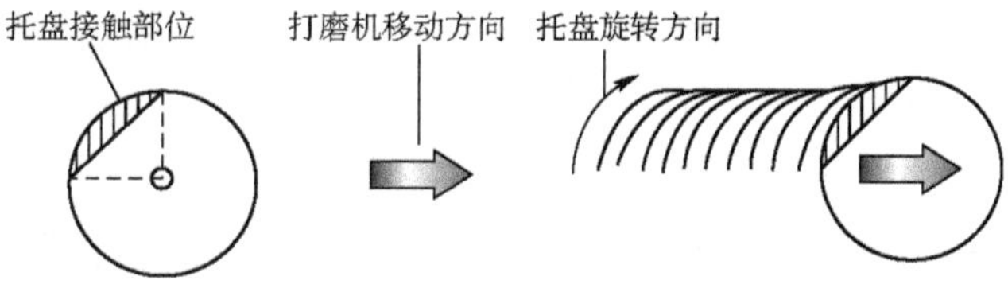

图1-17　打磨机向右移动的操作

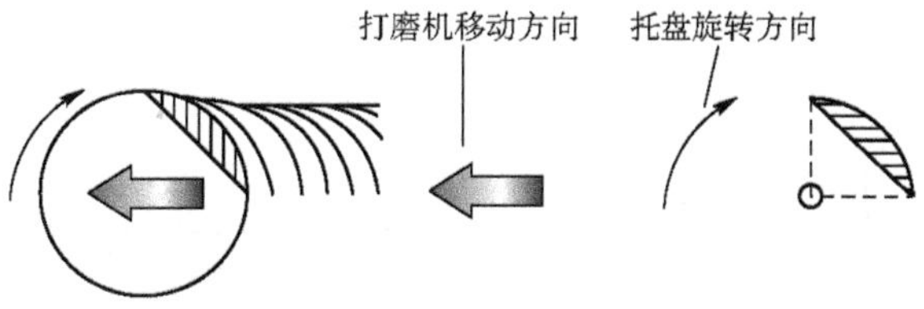

图1-18　打磨机向左移动的操作

(5)打磨平整表面时的移动方式如图 1-19 所示。

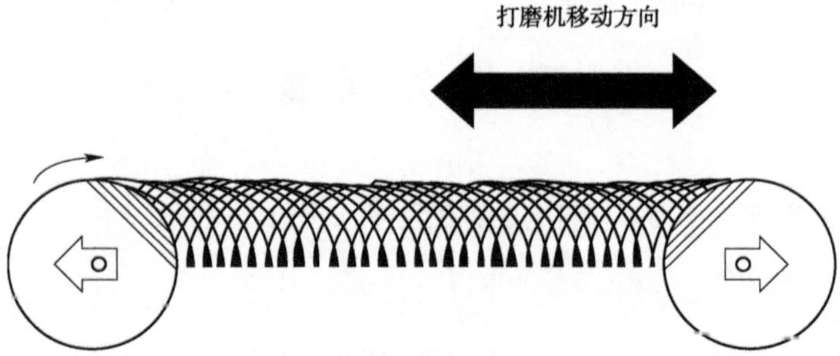

图 1-19 打磨平整表面时的移动操作

4. 焊疤打磨

车身维修中经常会到 CO_2焊接,为便于涂装或美观,操作完成后留下的焊疤则需要打磨平整。这时,一般都采用电动角磨机配砂轮片来进行作业。

打磨时首先应做好安全防护,具体要求同清除旧漆膜。粗打磨时保持砂轮片与工件约成 30°角,精磨时约成 15°角,粗打磨时力量可稍大,精打磨时适当减小力量。在打磨槽内的焊疤时(如更换车顶后,在车顶导水槽内会留有焊疤),可用角磨片的端面来打磨,但力量要小,且一定要拿稳角磨机,否则,可能会伤到车顶板的其他部位,导致后续涂装工作量增大。

三、技 能 考 核

1. 作业内容

学生用气动单动作打磨机(或电动角磨机配黑金刚轮)清除旧漆层。

2. 作业要求

考核时,学生在发动机舱盖(或门板)上用画规画出 ϕ150mm 圆,然后将圆内区域的旧漆打磨干净。

3. 考试工具及材料

气动单动作打磨机(或电动角磨机配黑金刚轮)、画规、旧发动机舱盖。

4. 评分标准

评分标准见表 1-1。

除旧漆(打磨)技能考核表　　表 1-1

序号	评分项目	配分	评 判 标 准	得分
1	火花	10	根据打磨出现火花的程度酌情扣分	
2	打磨准确度	30	根据画线范围内遗漏或超范围打磨程度酌情扣分	
3	操作安全	20	违反操作规程每项扣 10 分	
4	考核时间	20	将用时最短者定为 20 分,其余按此折算	
5	个人防护	20	安全防护用品缺一项扣 10 分	
分值合计		100		

四、评 价 反 馈

1. 自我评价

(1)通过本任务的学习你是否已经掌握以下问题：

①钣金维修中什么情况下需要打磨？

②常见打磨设备有哪些？

③如何根据工作选择打磨设备及配件？

④如何更换角磨片？

⑤如何更换角磨机的电刷？

⑥打磨作业时如何做好安全防护？

⑦打磨旧漆层的技术要点有哪些？

⑧打磨焊疤的技术要点有哪些？

(2)在打磨过程中用到了哪些设备？你是否已经掌握了这些设备的正确操作技能？

(3)实训过程完成情况。

评价：

(4)工作中的安全防护是否规范？

评价：

(5)能否积极主动参与工作现场的清洁和整理工作？

评价：

(6)在完成本学习任务的过程中，你是否主动帮助过其他同学？并和其他同学探讨打磨的有关问题？具体问题是什么？结果是什么？

(7)通过本学习任务的完成，你认为自己在打磨时哪些方面还有待进一步改善、提高？

签名：＿＿＿＿＿ ＿＿＿年＿＿＿月＿＿＿日

2. 小组评价

小组评价见表1-2。

小组评价 表1-2

序号	评价项目	评价情况
1	学习态度是否积极主动	
2	是否服从教学安排	
3	是否达到全勤	
4	着装是否符合要求	
5	是否合理规范地使用仪器和设备	
6	是否按照安全和规范规程操作	
7	是否遵守学习、实训场地的规章制度	
8	是否积极主动地和他人合作、探讨问题	
9	是否能保持学习、实训场地整洁	
10	团结协作情况	

参与评价的同学签名：＿＿＿＿＿ ＿＿＿年＿＿＿月＿＿＿日

3. 教师评价

教师签名：＿＿＿＿＿ ＿＿＿年＿＿＿月＿＿＿日

学习任务2　钢板的钣金锤修复

学习目标

1. 知道板件手工修复工具的种类、特点和应用场合；
2. 掌握板件敲击后的变形特点；
3. 能使用钣金锤、顶铁、撬板等常见手工工具进行变形板件的修复。

任务描述

以纸张敲击、钢板敲击、翼子板和门板敲击等为例，通过完成该学习任务，掌握常用钣金手工修复工具的特性、应用场合和使用方法，在做好安全防护的前提下，独立完成凹陷变形翼子板的钣金锤修复。

学习引导

本学习任务沿着以下脉络进行学习：

钣金锤顶铁的基础知识→敲击作业安全防护→钣金锤敲击基本技能练习（废纸/钢板）→翼子板修复→讨论并分析任务实施中所遇到的问题→技能考核→评价反馈。

一、相 关 知 识

1. 修复工具

1）钣金锤

钣金锤是钣金作业中最常用的一种工具，利用钣金锤一定的运动速度所储备的动能来完成錾切、矫正、铆接、整形和装配时所需要的敲击工作。其动能为：

$$E = \frac{1}{2}mv^2$$

式中：m——钣金锤质量；

v——运动速度。

公式表明相同质量的钣金锤其锤子动能与运动速度的平方成正比。

（1）钣金锤的种类。

锤头由高碳钢整体锻造成型，经淬火处理不易断裂。锤的大头面微凸，使敲击面受力更均匀。钣金锤是连续敲击钣金件恢复其形状的基本工具。钣金锤有方头、圆头、尖头等不同形状,每种形状都有其特定的用途,常见钣金锤如图 2-1 所示。

图 2-1　各种钣金锤

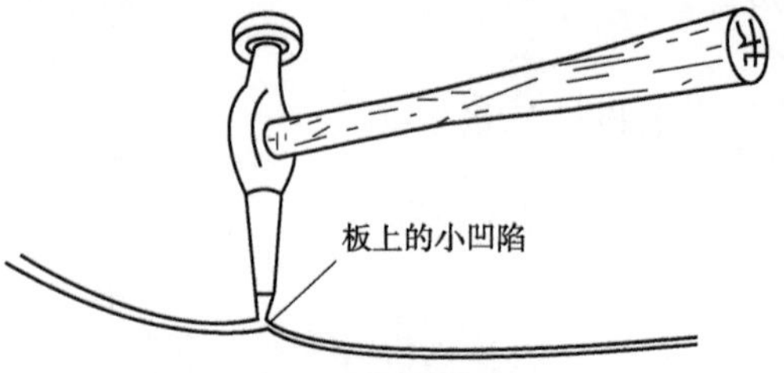

图 2-2　撬起小的凹陷

①镐锤。镐锤是专门维修小凹陷用的工具,如图 2-2 所示。镐锤的尖顶用于将凹陷敲出,其平端头与衬铁配合作业可以去除微小的凸点和波纹。各种规格的镐锤如图 2-3 所示。使用镐锤时要小心,若用力过猛,其尖顶端可能戳穿车身的钢板。镐锤不能用于修复大的凹陷表面。

②冲击锤。冲击锤如图 2-4 所示。冲击锤锤头形状一端是圆形,锤顶的表面近乎是平的。这种锤顶面大,打击力散布在较大的面积上,适于矫正凹陷板面的初始作业或加工非表露的钣金件。变形大的凹陷表面修复使用冲击锤,工作时用凸起顶面敲击下凹的金属下表面,使之逐渐恢复平整。

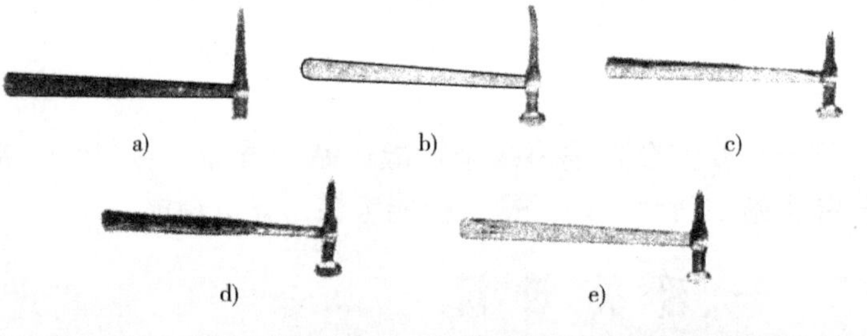

图 2-3　各种规格的镐锤

图 2-4　冲击锤

③精修锤。用冲击锤去除凹陷之后,用精修锤精修外形。图 2-5 所示为各种常用的精修锤。精修锤的锤面较冲击锤小。锤面隆起的锤头适于修平表面微小高凸点和波纹的顶端。带有锯齿面或交错缝槽面的精修锤,适用于表面收缩作业,以便修整被过度捶打而产生的延伸变形。但延展稍严重时,用其修复较难,现在一般会使用电加热收火操作来解决(此内容在后续任务中再详细介绍)。图 2-6 所示为收缩锤两种锤面示意图。

(2)钣金锤的使用。

钣金锤的正确使用方法如图 2-7 所示。钣金锤运动依靠手指、手腕和臂肘三者协调配合来使劲,用手轻松握住钣金锤手柄的端部(相当于手柄全长的 1/4 位置),用手腕摇动的方法轻轻敲击车身构件表面,并利用钣金锤敲击零件时产生的回弹力使锤头作圆弧运动;握锤时锤柄下面的食指和中指应适当放松;小指和无名指则应相对紧一些,使之形成一个比较灵活的转轴,让锤能够自由反弹;当锤即将接触工件时,手指、手腕和手臂共同发力,但千万不要用力过猛,要体现钣金锤修复“轻敲急打”的要领。

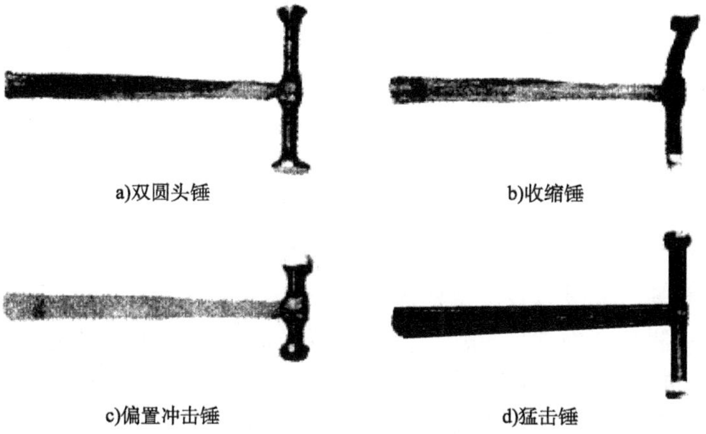

图 2-5　精修锤

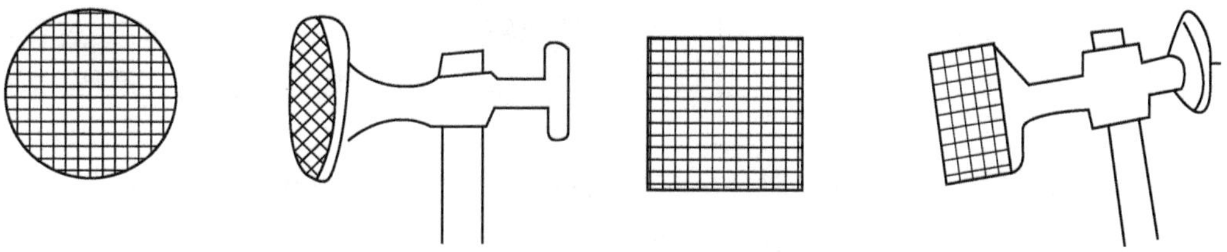

图 2-6　收缩锤的交错垂直锯齿面

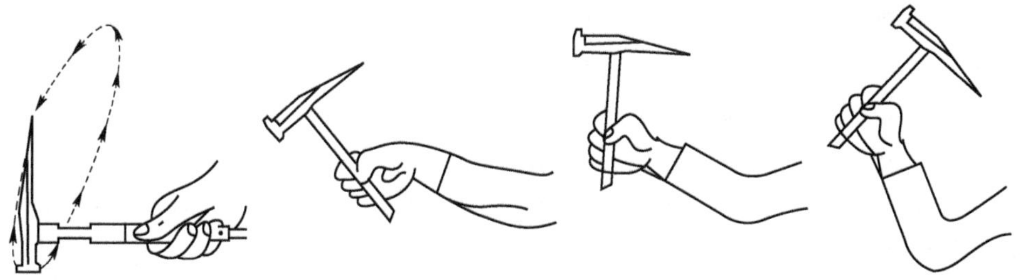

图 2-7　钣金锤的正确使用及运动轨迹

常见的错误操作方法有以下几种:一是五根手指完全攥紧锤柄,靠其他部位带动锤来摆动;二是手腕僵硬,靠其他部位带动锤来摆动;三是小臂不动,只靠手指和手腕带动锤来摆动。这三种错误的方式都会导致落点不准、锤与工件的接触点不准和操作者极易疲劳等问题。因此,在练习时要细心体会,尽量避免。

重锤时,手臂运动快到位时,手腕使钣金锤作圆弧运动,这样既打得准又有力。无论直接捶打工件,还是通过敲击其他工具实现加工作业的,操作者视线应集中在工件加工点,根据加工点的位置和加工要求来确定钣金锤打击的位置和力量。

重锤金属表面容易使之产生延展变形,而连续轻轻捶击操作,既可达到修平变形的目

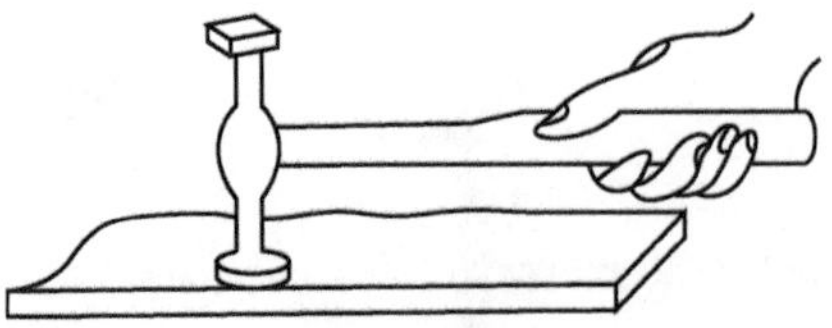
图 2-8　钣金锤的正确握法与落点

的，同时也可有效地抑制金属的延展变形。

锤击作业质量的关键在于落点的选择，一般应遵循“先大后小、先强后弱”的原则，像矫正成型件那样，从变形较大处起按顺序敲打，并保证锤头以平面落在金属表面上，如图 2-8 所示。同时还要注意分析构件的结构强度，有序排列钣金锤的落点，锤击过程中应保证间隔均匀、排列有序，直至将车身覆盖件的表面损伤修平。

钣金锤的锤顶通常为一弧形曲面，与金属接触的面积相当于 10 ~ 30mm 直径的圆，应根据构件表面形状、金属板厚度以及变形的大小，来合理选择钣金锤的尺寸和锤顶曲面的隆起高度。一般，平面或稍许曲面的钣金锤适合于修复平面或低幅度隆起表面；凹形或球形锤顶则适合修复内边曲面板；重磅手锤则适用于粗加工或厚板构件的修复。

钣金锤如果运用得灵活，不仅修复质量好而且效率也高。一位技术娴熟的车身维修工，可以 100 ~ 120 次/min 的频率捶击板件，而且能够将延展变形控制在最小范围内。

用钣金锤修复板件变形，常常还要借助修平刀（撬板）的帮助，这样才能更加得心应手。因为有些变形，离开了撬板的辅助作用就很难得以矫正。此外，对较为薄弱的蒙皮板类构件，一定要使用木垫块或选用木锤、橡胶锤等，这样可以避免车身板件发生二次损伤（即因修理造成的损伤）。

用钣金锤修复变形，比较直观而且也有较大的灵活性。由于其整形手段主要以锤击为主，具有方便、实用、快捷等许多优点，是行之有效的矫正方法之一。锤击法的缺点是，被锤击的金属表面易发生局部损伤。这种依赖手工的操作，需要丰富的经验。

钣金工对钣金锤的使用和维护必须养成一个良好的习惯，一般需要注意下列几点：

①钣金锤在使用时锤头一般作圆弧运动，其产生的离心力容易将锤头脱离锤柄而飞出，这就需要在使用前检查锤头与锤柄安装是否牢固。一般锤柄伸入锤头部分用一只或二只楔子把锤头与锤柄楔牢。同时应该检查锤柄是否有折断的痕迹。

②钣金锤的锤头与锤柄要保持清洁。尤其在锤面、锤柄握手处，绝对不能有油污存在，以避免在使用过程中锤柄从手中滑出，或锤打时油污飞溅及锤击打滑而造成事故，在一般情况下，锤击作业时不宜戴手套。

③按正确操作方式使用钣金锤。不宜采用一下轻击（准备）、一下重击（敲打）的操作习惯。

④不可用钣金锤直接锤击硬化的金属表面，避免锐利的金属颗粒飞出伤人。如一定需要捶击时，可以利用软质金属作锤力传递物（如铜冲）进行捶击作业。

⑤钣金锤用完后，应妥善保管，防止摔断锤柄或砸坏其他东西。

2）衬铁

（1）衬铁种类。

衬铁是一种手持的铁砧，也叫托铁、顶铁，与锤配合进行钣金修理作业。

图 2-9 所示为各种不同形状的衬铁。每种形状的衬铁，适合于车身表面特定形状的凹陷或外形的修整。衬铁的形状与面板外形的配合是十分重要的。墩形衬铁（也称万能衬铁）的适应性最广，其他衬铁适用于在狭窄部位进行敲击，其中平面直角边可用以矫正凸缘。

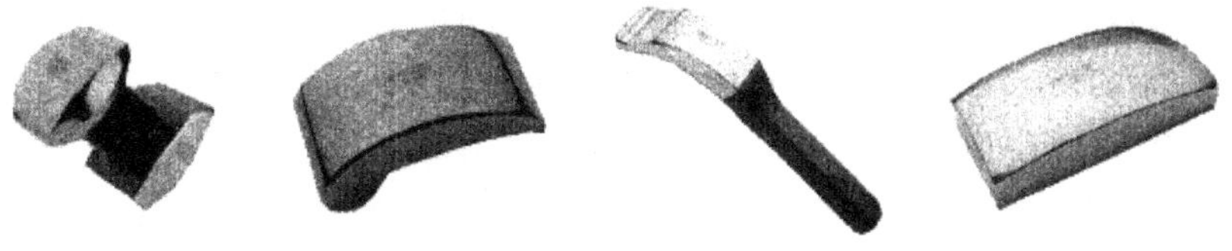

a)墩形衬铁 b)弯形衬铁 c)铲形衬铁 d)扁形衬铁

图 2-9 普通使用的衬铁

(2)衬铁的使用。

用衬铁修整车身表面,是钣金作业中最为常用的一种修平方法。凡是便于放入衬铁的部位,车身壁板表面发生的凹凸变形,均可用衬铁予以修整。

衬铁在钣金修平作业中起很大作用。在粗加工过程中,衬铁相当于一个敲击工具或垫铁,敲击或压迫损伤的车身覆盖件的内面,顶起金属板的内面并展平弯曲变形的金属。在精加工过程中,衬铁可以用来修复较小或较浅的凸凹面。此外,衬铁还可以视需要延展金属和消除内应力。

依衬铁与钣金锤的相对作用位置,可以分为钣金锤正对着衬铁敲击(正托)和钣金锤偏对着衬铁敲击(偏托)两种操作方法,如图 2-10 所示。

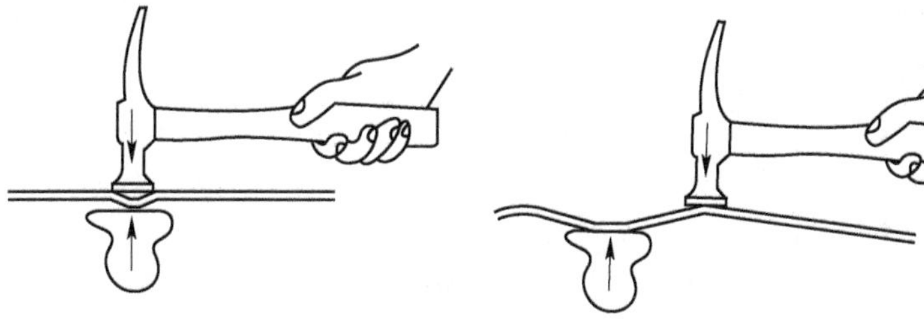

a)正托法 b)偏托法

图 2-10 衬铁的使用

正托法常用于修平钣金件和延展金属,偏托法则用于校直钣金件的较大变形。但是,无论是用正托法还是偏托法操作,衬铁的工作表面必须与所修正的钣金件形状基本一致,不然会造成新的损坏。

①偏托法操作要领。

偏托法通常用于精修前的局部变形的矫正,属于粗加工过程中的钣金修复,多用于较大的多部位连续变形。操作时,将衬铁置于金属板背面的最低处,钣金锤则在另一面敲击变形的最高处,捶击时衬铁也作为敲击工具一并修复变形或最大凹陷处,如图 2-11 所示。

对于图 2-12 所示的变形,也可以同时使用两把钣金锤击打变形部位,这种偏托法操作可以避免修复过程中受力不均,但需要有人辅助。

用偏托法修整平面,一般不会造成板件伸展。因为衬铁击打的是板料背面的凹陷处,而手锤击打的则是板料正面的鼓凸部位。由此可见,即使钣金技术不十分熟练,也可以比较自如地从事此种类型的敲平操作。

这种运锤和使用衬铁的方式,也称"断贴法"敲平。"断贴法"敲平在操作手法上有两个基本特征:一是平锤的落点与衬铁的顶贴点并不重合;二是由于衬铁通常是用冲击力加之敲击产生的反弹力来击打变形的,故衬铁与钣金锤的击打时刻并不一定同步。为此,应善于运用“断贴法”从两面同时敲平，这对提高修复质量和工作效率都有帮助。

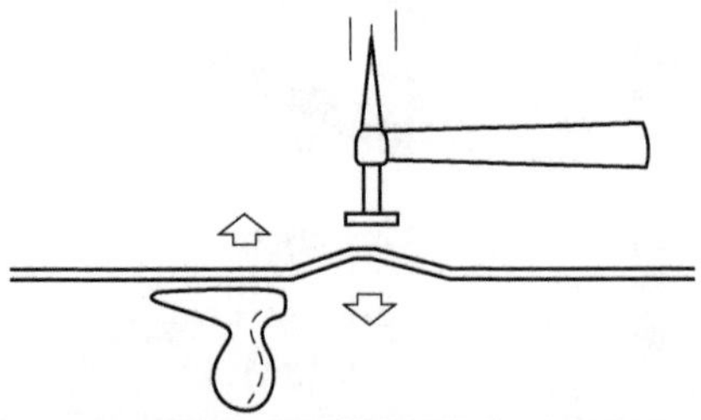

图 2-11　偏托法操作示意图

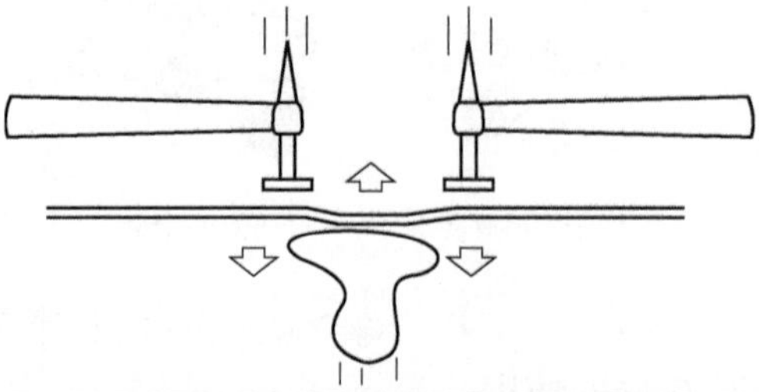

图 2-12　同时使用两把手锤

②正托法操作要领。

正托法操作的目的在于使钣金件表面回复到原有的形状，这种钣金操作对于修复隆板和整平较小的凸起十分有效。操作时，将衬铁直接置于金属板背面凸起部位，用钣金锤在另一面直接捶击变形部位。

由于操作过程中钣金锤的敲击力通过钣金件同时作用在衬铁的工作面，捶击力会使衬铁产生一定程度的回弹，每一次锤击操作都会使衬铁发生一定的反弹，由此产生的二次反弹力，取决于托起力、衬铁尺寸、衬铁表面形状和钣金件的结构与相对形状等。

使用钣金锤、木锤或尼龙锤敲击于凹陷周围产生的隆起变形时，应“深入浅出"地由最大凹凸变形处开始敲平。

正托法敲平容易使金属造成延展变形，这是因为当金属板在敲平过程中过分承受捶击时，受捶击部位的金属会变薄使面积增大。由于周围没有受到锤击区域的金属是固定的，由此限制了变形区域金属向四周的伸展，膨胀金属只能离开水平位置而向上或下隆起，如图 2-13 所示。这是钣金操作中应尽量抑制的变形，必要时还要通过收缩予以处理。

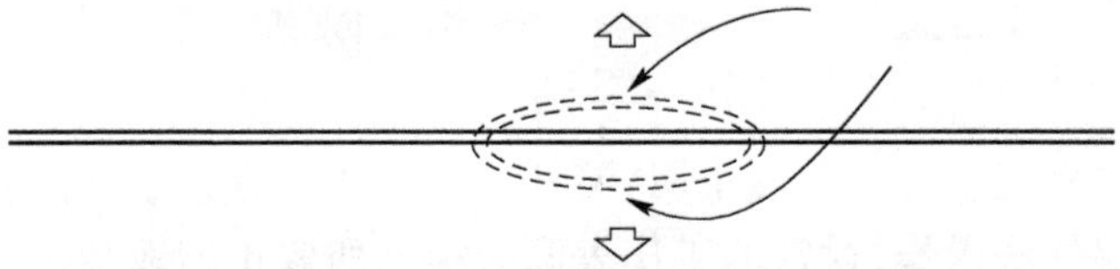

图 2-13　延展变形倾向分析(箭头所指力隆起倾向)

当局部变形基本修平直时，应按图 2-14 所示的正托法进一步敲平。正托法是将衬铁直接顶在板料背面不平的位置上，同时用钣金锤将正面衬铁位置敲平。由于钣金锤的敲击作用会使衬铁位置发生轻度回弹，在钣金锤敲击的同时衬铁也将同时击打金属板。此时，衬铁垫靠得越紧，则展平的作用与效果也越大。由于正托法容易造成板料的延展，故宜慎重使用。非到最后精整平或经验不足者，不可过分依赖此种敲平方法。

所选用衬铁端面形状应与被修正壁板的表面相当，衬铁的工作面也应与变形相当。这里，衬铁的作用有两个：一是支撑作用，以抵抗并平衡敲击力对构件的冲击；二是击打作用，借助捶击过程中衬铁的反弹作用，不断击打最大凹陷部位，有利于加快敲平的速度。事实上，若没有衬铁的作用，敲平作业也不可能完成。

这种使用衬铁的操作方法也称为“紧贴法”。选择端面合适的衬铁应紧贴于小凹凸的背面，用平锤轻轻敲击金属表面的凸起或小凹陷的周围，使板件表面变得更加光滑、平整。“紧贴法”修平与前述的“断贴法”敲平的不同点在于：钣金锤的落点一定要与衬铁的工作面重合，即实现点对点的一一对应；衬铁始终贴紧在修正面上，即衬铁面与锤击部位准确对应，以防止因“打空”而破坏趋向平整的板件表面。

由于衬铁始终作用着一定的压力，使回弹力有助于从钣金件正反两面敲击金属，使钣金锤和衬铁的击打力度加大，由此可以降低操作人员的劳动强度并提高钣金修复的工作效率。但是，这种直接击打方法也极易造成钣金件金属的延展，操作时应注意这种变形的影响，必要时还要进行收缩操作以消除金属的延伸变形。

此外，衬铁尺寸选择不当也会造成二次损伤，如衬铁尺寸过大便达不到修正局部变形的目的。

3）修平刀

（1）修平刀种类。

修平刀是车身修理的特殊工具，将修平刀贴紧待修表面，再捶打修平刀，对表面某些微小隆起、划伤部位恢复原状特别有效。

各种修平刀如图2-15所示。不同的修平刀可与不同的面板形状匹配使用。当面板背面的空间有限时，修平刀也可当作衬铁使用。

图2-14 用正托法精修车身覆盖件表面

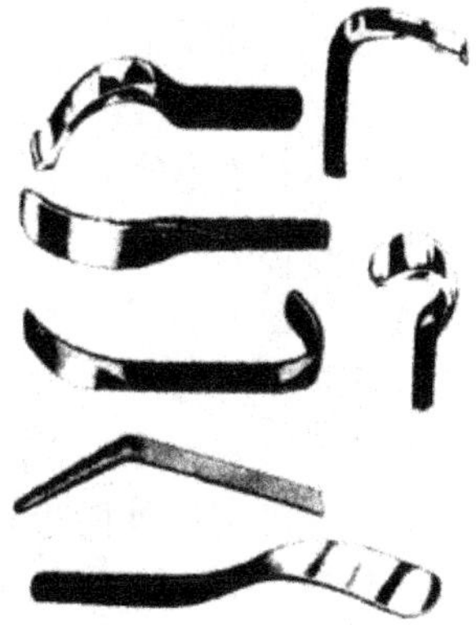

图2-15 各式车身修平刀

（2）修平刀的使用。

对于难以放入衬铁的弧形凹陷处，需要按图2-16所示的方案，将修平刀插入并抵住凹陷部位，用木锤或尼龙锤敲击凹陷周围的隆起，使变形逐渐减轻。当修平至一定程度时，再改用金属锤对变形进一步修整。

a)大曲面的敲平　b)手不易伸入的平面

图2-16 借助修平刀敲平

粗整平作业所使用的修平刀，实际上就是一根带弯曲工作面的杠杆。除了在形状上要求与修正表面相近以外，工作面的宽度应以大一些为宜。修平刀在粗平过程中主要起支撑作用，甚至要用修平刀将凹陷板面直接顶起，接触面积过小则很容易使金属表面留下硬痕。

图2-17所示为车门面板局部变形、但内部结构无损伤的情况下的修整方案。操作时先

将车门外缘放在两块垫木上,使车门外侧的面板与地面悬空。按图 2-17a)所示的方法用修平刀撬动,将向内凸出的隆起弹回到正常位置;然后再按图 2-17b)所示的方法,借助修平刀和钣金锤将车门面板修平。

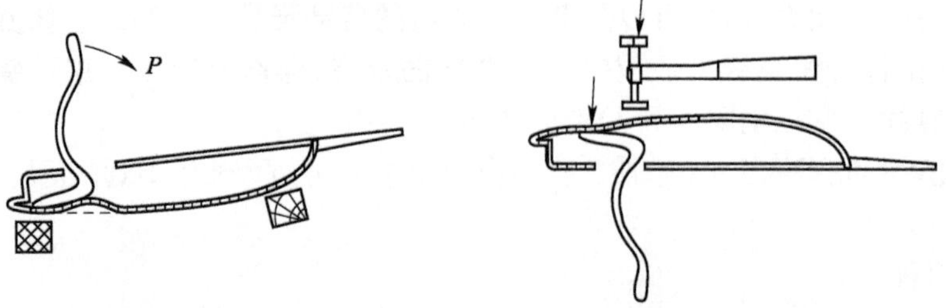

a)用修平刀撬动,进行粗加工　　b)用修平刀顶住,进行修平操作

图 2-17　应用修平刀修正车门面板

运用修平刀法粗整平时,应注意捶击力度控制。受修平刀支点选择方面的影响,其端面与变形的顶贴力量不易控制。而锤击力大于修平刀的顶贴力时,就达不到修平的目的,甚至还会使变形加剧。反之,修平刀的顶贴力比捶击力大,情况就比前者要好得多。与衬铁法相比,修平刀法的敲击力度要相对小一些,在轻轻捶击的过程中还应特别注意顶贴位置和敲击部位的变化情况。

应用修平刀法还有支点选择的问题,要避免以车身的某些薄弱环节作支承,不得已时应垫上木板或其他大面积的工具,将支撑力分散开来,以免造成支点变形。

无论采取哪一种办法,都应遵循"敲高顶低"的原则,并注意随时调整顶点和捶点的位置。连续敲击一点或捶击力度过大、次数过多,都不可避免地使金属板面发生延展,这恰恰又是造成板件翘曲的重要因素。

当车身发生严重损伤使外面板与内结构压在一起时,用修平刀插入两构件之间将其分离十分有效。如图 2-18 所示,左右摇动和上下撬动修平刀,可使两钣金构件分开并将凹陷隆起,然后再像使用衬铁那样借助钣金锤将损伤表面敲平。如果有点焊的焊点,应使用专用工具先去掉焊点使之放松后再进行矫正与修理。

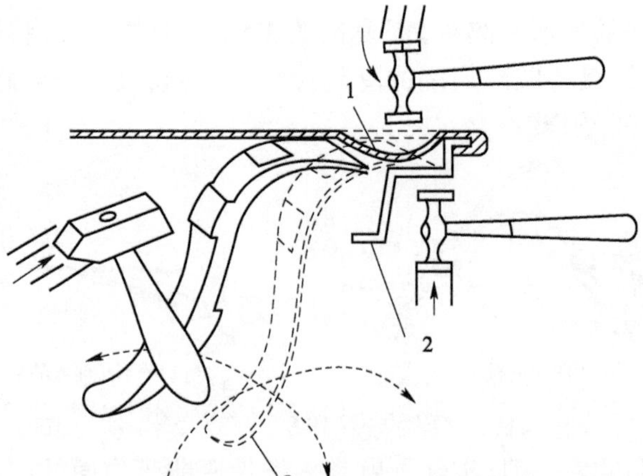

图 2-18　用重载修平刀隆起车身板

1-外板;2-车门框架;3-用力方向

4)撬板

利用撬板穿过车身固有的洞口,可以对车门侧板的凹点进行撬击,以消除凹陷,如图 2-19 所示。

常用工具橇板如图 2-20 所示。

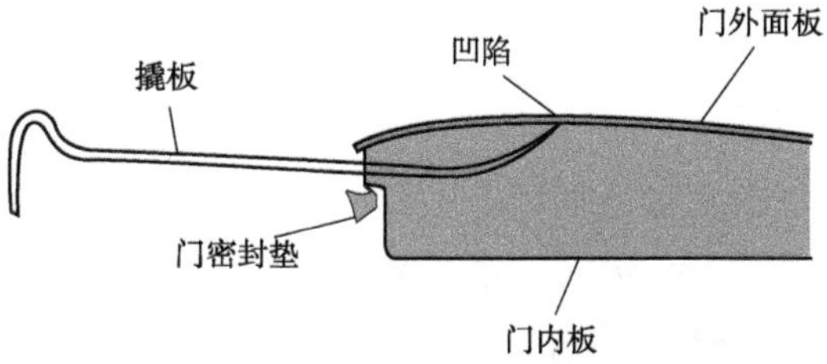

图 2-19 用撬板撬起凹陷

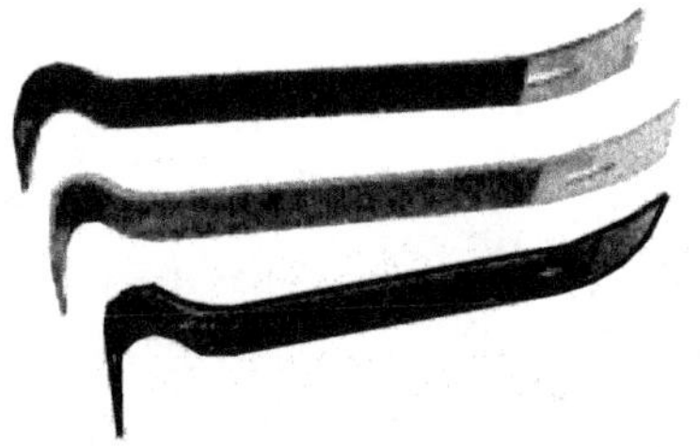

图 2-20 工具撬板

针对汽车金属结构部分的不同损伤性质,如歪扭、凹陷、伸胀断裂与锈蚀等,可分别采用敲平、收缩、打褶、牵引、托铁、填料、切换等维修方法进行修复。经过维修,使其金属结构的强度得到恢复,几何形状得到复原。

2. 敲平矫正法修复

敲平矫正法修复是指将金属板件上的凹陷、褶皱、弯曲等损伤,敲击并整平到原有几何形状的修复方法。

假设把钢板的厚度方向看成是由很多纤维组成的,如果在某一段距离内各层纤维长度都相等,钢板就是平直的,如果各层纤维长度在某一段距离内不相等,其中一部分纤维长,另一部分纤维短,则钢板就要弯曲。平板受到轻微碰撞或局部加热(如烧焊)后,部分纤维被拉长,部分纤维被缩短,这就产生翘曲变形。通常翘曲变形有以下三种形式,如图 2-21 所示。一种是中间隆起,如图 2-21a)所示,此时,中间纤维长为松的部分,四周纤维短为紧的部分,即中间松,四周紧。第二种状况是边缘呈波浪形,如图 2-21b)所示,此时中间纤维短,四周纤维长,即四周松,中间紧。第三种状况是对角翘曲,如图 2-21c)所示,翘起的部分纤维长,为松的部分;没有翘起的部分纤维短,为紧的部分。

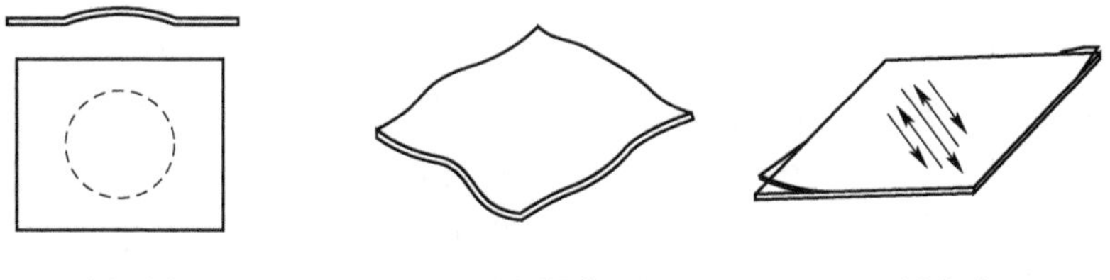

a)中间隆起　b)四周翘曲　c)对角翘曲

图 2-21 薄板的翘曲

敲平的方法,应用捶放的基本原理,把紧的部分经过捶击,使其纤维伸长放松,达到整平的目的。如中间凸起,四周平整,可以用铁锤或木锤,锤放四周,如图 2-22a)所示,先由外向里锤击,再由里向外锤击,锤击点要均匀,越往外越稠密些,锤击力也越重些。这样使四周材料放松、中间凸起部分消除,达到平整。

如图 2-22b)所示为周边扭动成波浪式,中间紧缩。此时应放松中间,用铁锤或木锤锤放中间,锤击的方向是先由里向外,再由外向里,锤击点要均匀,越往里越稠密些,锤击力也越重些。

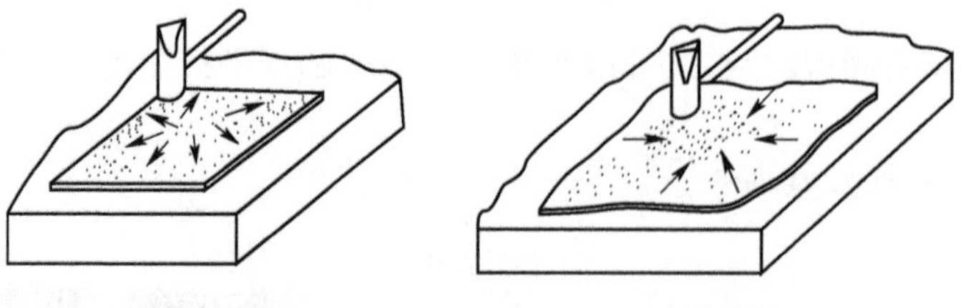

图 2-22　平板的敲平

敲平矫正，原理是锤放紧的部位，其方法可概括为"中间凸，敲周边，七扭八歪敲中间"。关于焊修后所造成的扭曲变形，关键是焊修后的收缩造成，必须锤放焊接部位，使之伸展，排除收缩应力，达到平整光滑的目的。

扭动变形，中间伸胀明显时可以直接看出，而轻微凸鼓时则不易看出，可以用手分别从正反两面，反复施加压力于平板中间，松动处就会有"咕咚"的响声，要沿平板的几个方向反复检查，就可以比较准确地找到松动处、同时也能发现板料较紧的部位。

单曲度或双曲度铁板零件的敲平要领，原则上也是把"紧"处放"松"。例如，车门外表面、驾驶室顶部、发动机舱盖、翼子板等处的维修，表面质量要求较高，敲击时尽可能使用木锤。此外，由于这类零部件形状复杂，不便于放在平板上敲击，需要适宜的衬铁块衬在变形处反复敲击，直到与未损坏处平齐圆滑、手感不粗糙为止。

3. 利用收缩锤进行收缩

使用收缩锤进行收缩主要是利用收缩锤工作面上纵横交错的锯齿状凹槽，配合顶铁进行对位敲击的方式来完成的。当用有锯齿状凹槽的锤面锤击金属表面时，必然有部分金属被挤压到凹槽中形成波浪状而产生金属的堆积。随着锤击次数的增多，堆积的金属就越多，于是延展了的板件局部就可以得到收缩。由于收缩后的金属表面并不平整，在收缩后还要用平面工作锤进行修平工作，修平也是采用对位敲击的方法，因此要格外注意不要令已经收缩的金属又产生延展。

利用收缩锤收缩金属时要注意，有些顶铁的工作面也刻有纵横交错的锯齿面，决不能用收缩锤与收缩顶铁配合使用，两者必须有一个是平面的，否则可能会使金属不但得不到收缩，反而产生更大的延展甚至破裂。

使用收缩锤收缩的方法有很大的缺点，由于每次捶击的收缩效果都不明显，所以需要多次捶击才能达到收缩的目的。但多次对金属板件的局部进行反复捶击又会造成局部加工硬化，使收缩工作变得更加困难，还有可能因为加工硬化程度过高而造成破裂。因此这种方法只适用于非常小面积且延展不是很严重的区域，对板件中部较大范围延展的收缩基本上都采用加热收缩的工艺。

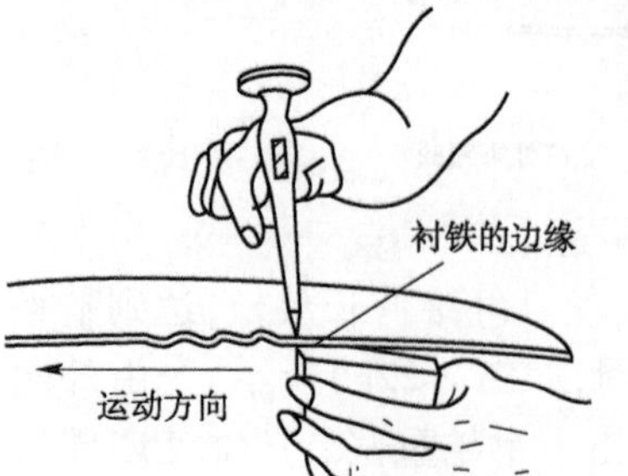

图 2-23　通过在高处打褶来收缩金属

4. 打褶法修复

打褶是处理延展金属的另一种方法。和采用加热的方法使金属收缩不同，这种方法是用铁锤和衬铁在延伸区产生一些"褶"。采用偏托法，用尖锤在延伸部位轻轻敲击，如图 2-23 所示。给金属打褶将金属表面稍有降低，对于打褶后降低的部位,要用塑料填充剂填平。

5. 安全防护

在使用钣金锤敲击时,会产生很大的噪声,会对听觉造成损伤,因此,作业时必须佩带耳塞。另外,也必须进行常规的安全防护,如工作服、安全鞋等。

二、任 务 实 施

1. 施工程序

在任务实施前,首先要正确掌握板件的手工修复施工程序,如图2-24所示。

2. 准备工作

(1)安全防护。工作服、工作鞋、耳塞等必须齐全有效。

(2)工具准备。钣金锤、顶铁、工作台。

(3)材料准备。废纸、薄钢板、受损翼子板。

3. 纸张敲击的练习

每人一张废纸,在纸上随机画出若干个点和任意直线,学生通过用钣金锤逐个敲击点和连续敲击直线,来练习钣金锤的握法、运锤、敲击频率、落点的位置(指锤的曲面上)和落点的准确性等。

4. 低碳钢板敲击练习

每人一块低碳钢板,先在其中间用冲击锤连续大力敲击,使其延展变形,再由学生将其整平。或者在其周围连续大力敲击,再由学生整平。通过此练习,使学生掌握钢板的延展特性和延展钢板的整平方法,同时可提高学生对落点和力度的把握水平。

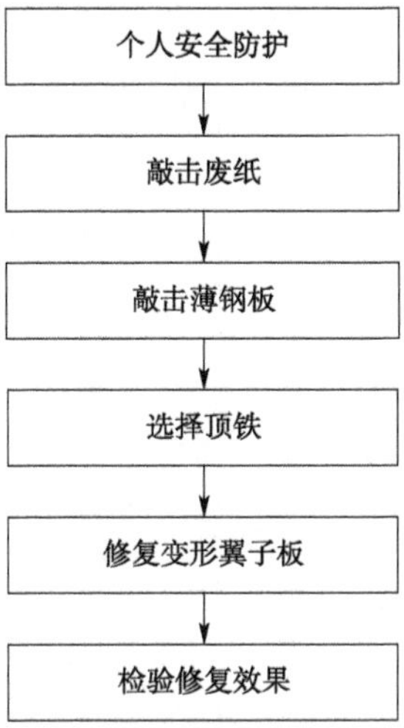

图2-24　板件的手工修复施工程序

5. 翼子板的变形修复

用手锤和顶铁整平修复是一种经常应用的板件修复工艺,由于这种修复工艺需要掌握一定的技巧,因此在很多情况下,已逐渐被易掌握的拉环牵引法取代。不过,对于可伸进的地方,用手锤和顶铁整平省时省事,仍不失为一种较好的方法。对空间位置较小,手伸不进去的地方可用修平刀衬垫。

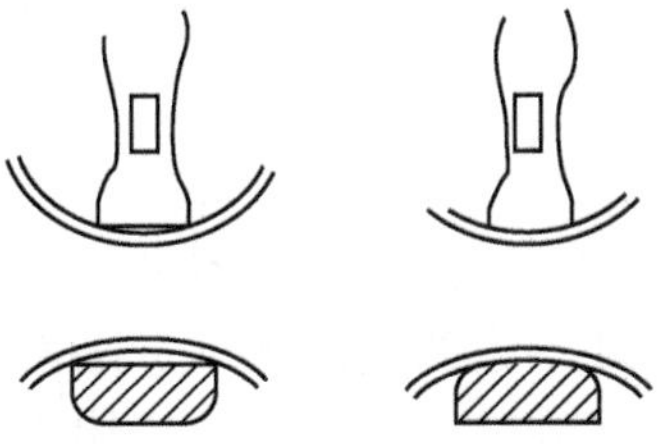

a)错误　　b)正确

图2-25　顶铁和手锤的选用

采用手锤和顶铁整平法,首先要摸清板件上凹陷的深度,确定损伤程度,清除板件背面的异物(泥污、底漆等),以保证顶铁与板件背面能直接接触。然后选用合适的手锤、顶铁或修平刀,进行整平作业。

顶铁、手锤和修平刀的选用,其曲面弧度应等于或小于板件的弧度,如图2-25所示。

图2-26a)所示为手锤和顶铁进行粗矫正的示意图。图2-26b)所示为用踩子修整型线的示例。图2-26c)所示为用顶铁修整型线的示例。

用手锤和顶铁整平修复可以采用正托法或偏托法进行,具体方法参见手工工具中的顶铁的用法。

下面用一实例进一步说明用手锤和顶铁整平法修复。

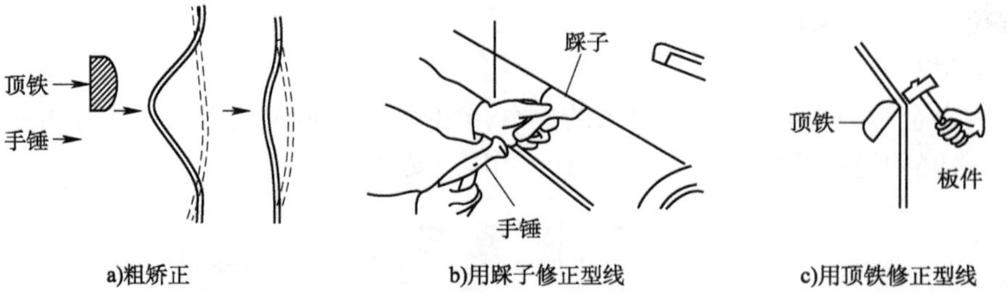

图 2-26　手锤和顶铁校正示意图

图 2-27a）所示为车身板件上的典型凹陷卷曲折损，可以使用手锤和顶铁进行整形修复。在进行修复时，首先应分析板件损伤的受力情况和折损发生的先后顺序，辩证地进行矫正修复，一般情况下应按照与折损发生的顺序相反的次序进行修整矫正。

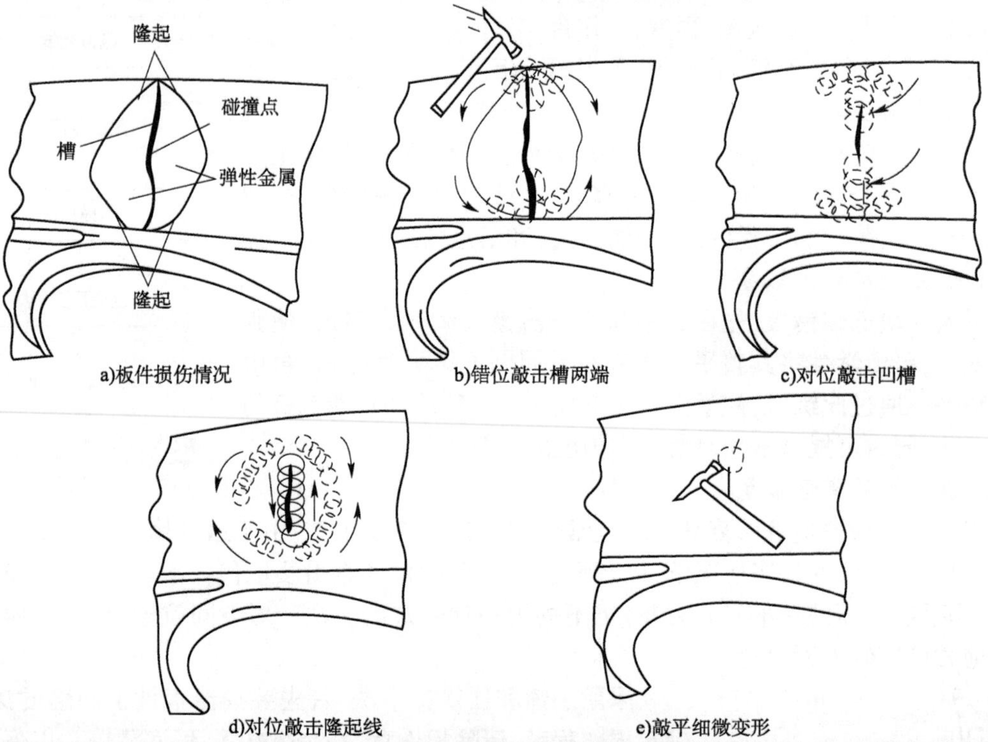

图 2-27　用手锤和顶铁修复凹陷金属步骤

图中所示的损伤，撞击点位于板件中部，由于板件属于隆起加强表面，所以碰撞力沿隆起方向传递，在碰撞点两侧形成一道凹槽，这个凹槽是除碰撞点以外最大的变形区域。随着凹槽向外的扩展，隆起加强对碰撞力的抵抗也越来越强，最终在凹槽的两端形成新的压缩隆起（箭头），箭头的两侧为单纯卷曲变形，凹槽部位实际上是弹性变形区域。

分析了具体情况后可以确定，这处损伤应首先从折损的外端压平，逐渐向中心处（碰撞点）接近，按照与发生损伤相反的顺序进行。

先将顶铁紧压在槽端部箭头部位的内面，这里的弯曲程度最轻但压缩最严重且加工硬化程度最高，然后使用平工作面的钣金锤在隆起处的外端离顶铁最近的地方进行轻度到中度的错位敲击。敲击迫使隆起的部位逐渐下降，顶铁处上顶的力量迫使端部凹陷的金属向上抬升,形状逐渐得到恢复。在槽的另一端箭头部位和箭头部位的两侧也重复同样的过程,如图 2-27 b)所示。

随着隆起处和槽内变形应力的释放,周围的弹性变形金属必然会返回到它们原来的位置。同时也可以用顶铁在槽的内面向上敲击促使回弹如图 2-27c)所示。当折损处的形状基本恢复以后,再用铁锤与顶铁进行对位敲击的方法加以整平(注意不要引起过多的金属延展),操作顺序参考图 2-27d)、e)。最后完成精修工作,涂覆填充原子灰,整形工作即告完成。

当翼子板受撞击变形较大时,很多修理工喜欢拆下翼子板在工作台上进行整形操作。如果使用这种方案,首先应在工作台上铺上橡胶垫或多层帆布,然后将翼子板内侧朝上放在垫布上。先进行粗整形,使用橡胶锤或木锤捶击内侧凹槽中部,然后向两侧展开。大的变形被整完后,将翼子板反过来,在内侧垫上托铁,在两端隆起处采用正托法敲击外侧。最后换精整形锤进行精细修整。

三、技 能 考 核

1. 作业内容

1)纸张敲击

学生用钣金锤敲击所提供纸张的点和线。

2)翼子板的钣金锤修复

学生对变形的翼子板用钣金锤和顶铁进行手工修复。

2. 作业要求

1)纸张敲击

在提供的纸张上随机画出 10 个点和一条 300mm 的直线,对于 10 个点,要求每个点只能敲击一次,敲击直线时,要连续向一个方向进行,而不能间断,也不能往返。

2)翼子板的钣金锤修复

对有一定损伤的翼子板(在隆起部位制作损伤)使用钣金锤和顶铁进行矫正修复,不能使用其他工具。

3. 考核工具及材料

A4 纸一张、钣金锤、顶铁、工作台、受损翼子板一块、相关安全防护用品。

4. 考核标准

1)纸张敲击

纸张敲击考核标准见表 2-1。

钣金锤使用技能考核表　　表 2-1

序　号	评分项目	配　分	评判标准	得分
1	单点敲击准确性	20	敲击点距目标点不能超过 1mm,否则,每点扣 3 分	
2	直线敲击准确性	30	敲击点要连续,且距目标线不超过 1mm,否则,每 10mm 扣 1 分	
3	握锤位置及握法	10	握法不正确扣 5 分,位置不正确扣 5 分	
4	运锤方法	10	手指、手腕、小臂配合协调,否则扣 1 ~ 10 分	
5	敲击频率	10	频率在 100 ~ 120 次/分,根据偏差程度扣 1 ~ 10 分	
6	5S	10	考核结束未清理,摆放杂乱,扣 10 分	
7	个人安全防护	10	无安全防护不得分	
合计		100 分		

2)翼子板的钣金锤修复

翼子板的钣金锤修复考核标准见表2-2。

翼子板的钣金锤修复技能考核表 表2-2

序号	评分项目	配分	评判标准	得分
1	工具选择	10	钣金锤选择不当扣5分,顶铁选择不当扣5分	
2	修复方法	30	修复方法不当扣1~30分	
3	修复效果	40	表面轮廓高出目标高度不得分,低于目标高度1mm以上不得分,其余酌情扣1~30分	
4	5S	10	考核结束未清理,摆放杂乱,扣10分	
5	个人安全防护	10	无安全防护不得分	
合计		100		

四、评价反馈

1. 自我评价

(1)通过本任务的学习你是否已经掌握以下问题:

①钣金锤都有哪些种类?分别适用于什么场合?

②如何选择顶铁?

③钣金锤使用的要点有哪些?

④如何将中间延展变形的薄钢板敲平?

⑤如何将四周延展变形的薄钢板敲平?

⑥钣金锤顶铁修复变形车身板件的策略是什么?

⑦使用钣金锤顶铁修复板件时应做好哪些安全防护?

(2)实训过程完成情况。

评价：______

(3)工作中的安全防护是否规范？

评价：______

(4)能否积极主动参与工作现场的清洁和整理工作？

评价：______

(5)在完成本学习任务的过程中，你是否主动帮助过其他同学？并和其他同学探讨板件手工修复的有关问题？具体问题是什么？结果是什么？

______

(6)通过本学习任务的完成，你认为自己在使用钣金锤顶铁进行手工修复时哪些方面还有待进一步改善、提高？

______

签名：______ ______年______月______日

2. 小组评价

小组评价见表2-3 。

小组评价 表2-3

序号	评价项目	评价情况
1	学习态度是否积极主动	
2	是否服从教学安排	
3	是否达到全勤	
4	着装是否符合要求	
5	是否合理规范地使用仪器和设备	
6	是否按照安全和规范的规程操作	
7	是否遵守学习、实训场地的规章制度	
8	是否积极主动地和他人合作、探讨问题	
9	是否能保持学习、实训场地整洁	
10	团结协作情况	

参与评价的同学签名：______ ______年______月______日

3. 教师评价

______

教师签名：______ ______年______月______日

学习任务3　钢板的机械修复

学习目标

1. 知道介子机的基本结构、工作原理；
2. 理解电加热收火的基本原理；
3. 能使用介子机对凹陷门板进行修复；
4. 会检查修复效果。

任务描述

以凹陷车门板修复为例，通过完成本学习任务，掌握介子机的调整、焊接介子、铜极和炭棒收火等功能，在做好安全防护的前提下，按操作程序独立完成变形门板的机械修复。

学习引导

本学习任务沿着以下脉络进行学习：

介子机板件修复的应用情况→介子机的结构、维护→介子机板件修复的安全防护→使用介子机修复板件凹陷→延展板件的电加热收火→打磨焊疤→背面防锈处理→讨论并分析任务实施中所遇到的问题→技能考核→评价反馈。

一、相关知识

由于现代车身的结构日趋复杂，许多车身板都由于受到焊接在一起的内部板件和车窗等结构的限制而难以触及它们的内部；或是因为损伤比较轻微且只局限于金属外板，内板没有损坏，如果拆卸内板或拆卸相关构件，对于车身维修来讲工作量会无形之中加大很多，生产效率大大降低。因此车身维修中还使用另一种方法专门用于上述的情况，即将凹陷的金属用拉拔的方法抬高，在拉拔的同时，用钣金锤对高点进行敲击。这种方法，有些类似于手锤和顶铁的错位敲击，实际的工作原理也是一样的。

1. 介子机的拉拔修复

1）拉拔修复简介

目前维修中一般是使用惯性锤将碰撞后的凹陷金属拉拔出来。使用惯性锤时，首先要在金属板凹陷的地方利用焊接的方式固定一个可以为惯性锤的锤头（通常是钩子）挂住的物体,一般是焊接一个普通的垫圈。挂住惯性锤后一手扶住惯性锤的把柄,将惯性锤的锤杆摆放成与需要的拉伸力相同的方向,另一手握住惯性锤的滑动锤向后猛拉,利用滑动锤滑动到锤柄时产生的冲击力将凹陷的部位拉伸出来。如图 3-1 所示。

拉环牵引法修复有滑锤(反击锤)牵引和动力牵引架牵引两种修复工艺,其特点见表3-1。

拉环牵引法修复特点　　表 3-1

滑锤(反击锤)	牵　引　架
操作方便	操作方便
限于小面凹陷	可用拉轴贯穿多个拉环同时牵引,适于大面积凹陷
拉环只能向外单向牵引	可以多向牵引
牵引的同时难以再进行其他操作	可以同时进行其他矫正操作

使用拉拔的方法进行修复时,应首先认真研究损伤,确定出最初发生碰撞的位置和方向,然后沿着最初形成的折损凹陷,以至少 30mm 的距离焊接垫圈,从凹陷最低处逐渐将凹槽拉出,拉伸的同时不断敲击拉拔处周围的高点。采用这种方法,不要一次就将凹陷的位置拉到位,有时需要反复拉几次才可以达到理想的矫正效果。对于第一个拉拔的部位尤其要注意,只能向上稍稍拉出一点,接着再拉下一个位置。这样做的原因是:一是凹陷最低的地方加工硬化程度高,拉伸作用力又过于集中,力量过大可能会引起撕裂;二是随着周围金属的不断提升,凹陷中心部位也会不断升高,若一次升高过多,可能使凹陷最大的点修整完毕后反而成了鼓起的点,又需要反过来进行矫正,给修理带来麻烦。

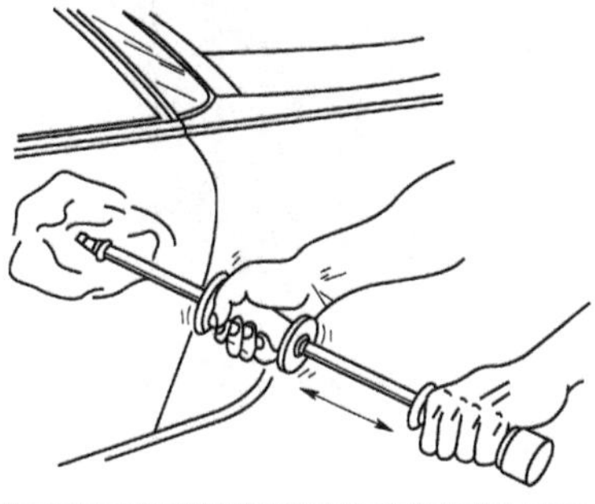
图 3-1　利用惯性锤拉出凹陷部位

需要说明的是,采用拉拔的方法修整的表面没有用手锤和顶铁修整的表面那样光滑,必须填充原子灰进行表面整形,有的时候还要用收火的方法对额外延展的金属进行收缩。

用焊接垫圈采用惯性锤拉拔(俗称拉环牵引法)是很好的矫正方法,不论车身结构如何,都可以通过点焊将垫圈、介子等拉拔介质固定于其上,避免了在车身上打孔(过去一般采用在板件上打孔拉拔的工艺),排除了潜在的腐蚀,应用非常广泛。

2)介子机

目前,上述在板件上焊接垫圈的工作是用车身外形修复机来完成的。车身外形修复机俗称“介子机”,其组成如图 3-2 所示,其配置的常见辅助工具如图 3-3 所示,它集焊接介子(供拉拔用的介质)、拉拔操作、单面点焊、电加热收火等功能于一体,给车身的整形带来了方便。

拉拔操作是介子机最常用的一种功能,焊完介子后即可用图 3-4 所示的拉拔工具进行拉拔作业。如果待修板件变形较小,则无须焊完介子后再拉拔,而是直接使用一种快速拉拔工具来完成,如图 3-5 所示。

介子机其实属于电阻焊的一种,其原理是利用夹在电极上的垫圈和钢板接触,再通以大的电流,使其产生电阻热而将垫圈焊接在钢板上。

图 3-6 为某介子机的控制显示面板,操作时需要调节的开关(旋钮)有功能选择开关(功率选择开关)、手动自动选择开关、时间调节开关、电压选择开关等,指示灯有电源指示灯、定时指示灯、连续指示灯、工作指示灯及电压显示表。使用时,首先打开电源开关,然后根据焊接种类

将功能选择开关、手动(间歇供电)自动(连续供电)选择开关旋在合适位置(具体如图3-7所示),再设置搭铁点(如图3-8所示),最后就可以进行焊接垫圈、铜极收火、炭棒收火等操作了。

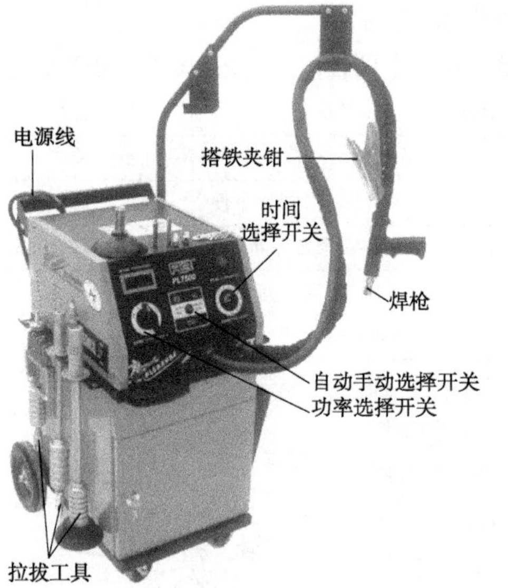

图3-2 车身整形机外形图

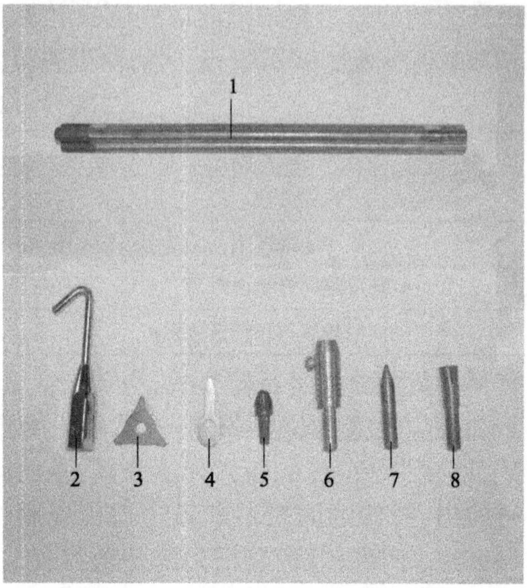

图3-3 介子机配置的常见辅助工具

1-炭棒;2-拉拔钩;3-快速拉拔三角片;4-拉拔介子;5-铜极收火头;6-炭棒收火头;7-单面点焊头;8-介子焊接头

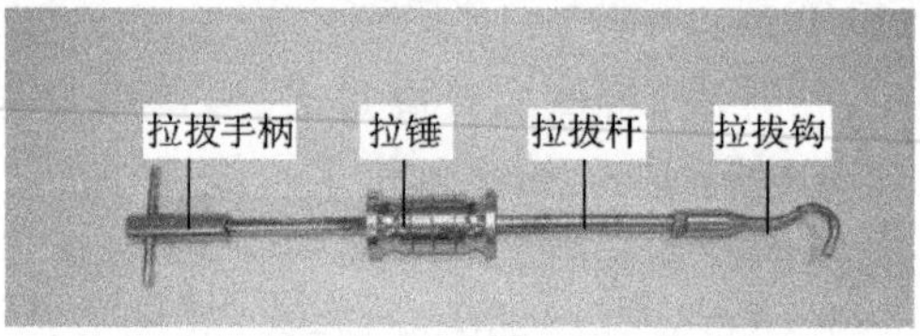

图3-4 常见拉拔工具

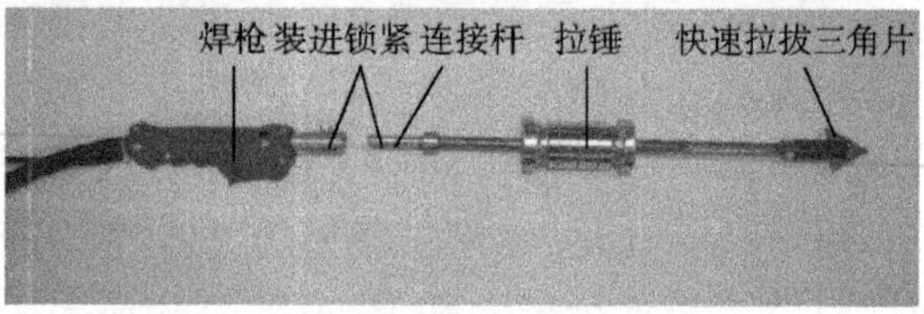

图3-5 快速拉拔工具

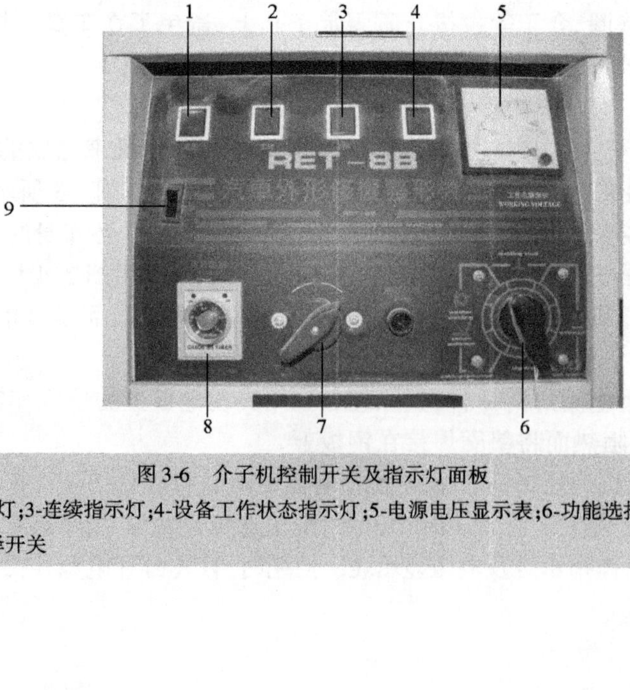

图3-6 介子机控制开关及指示灯面板

1-电源指示灯;2-定时指示灯;3-连续指示灯;4-设备工作状态指示灯;5-电源电压显示表;6-功能选择开关;7-电源开关;8-时间调整旋钮;9-自动手动选择开关

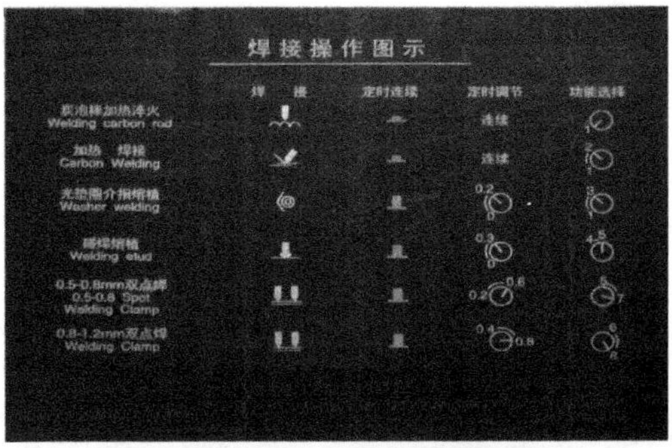

图 3-7　某介子机开关选择指南

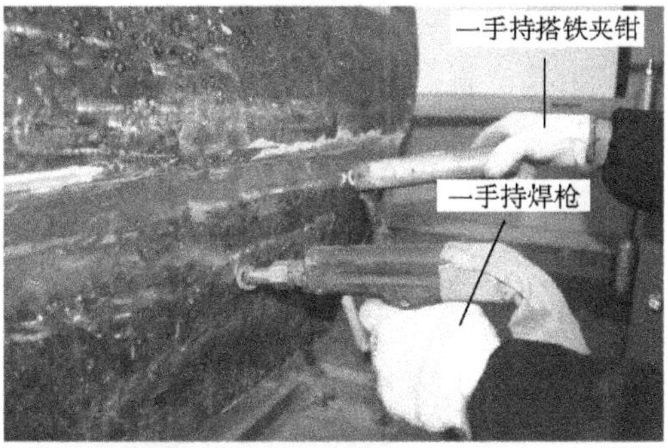

图 3-8　设置搭铁点

一般介子机都具有以下功能：

(1)垫圈焊接。可将平垫圈焊在板件凹陷部位，用拉锤拉出。

(2)铜极收火。可使小面积的延展金属恢复原状。

(3)炭棒收火。可使大面积的延展金属恢复原状。

(4)单面点焊。可将两块钢板从一面焊住。

(5)碰焊熔植。可将 T 形拉拔头(介子机附带工具)熔植在较大凹陷的钢板上，使用专用拉拔器拉出。

(6)蛇形线焊接。可将蛇形线(介子机附带工具)焊在凹陷的加强筋处。

2. 延展板件的加热收缩

加热收缩法是将受损板件的拉伸变形部位通过加热、急冷，使板件收缩达到回复原状的目的。这与敲击锤放是相反的两种工艺方式。

1)受到拉伸的金属的变形

当金属受到碰撞而严重损坏，在严重折损处通常会受到拉伸。同样的部位在矫正过程中也会受到轻微的拉伸。在直接损坏部位的隆起处、槽和折损处的金属容易受到拉伸。当金属板上存在拉伸曲折变形时，可将受到拉伸的部位与原始的凸胀形状相比较，受到拉伸的表面会产生凸起，如图 3-9 所示。

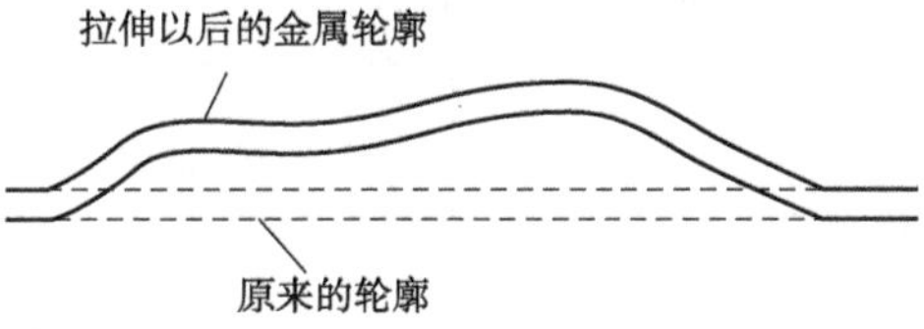

图 3-9　受拉伸的金属形状

金属板料某一处受拉伸后，金属的晶粒互相远离，金属板变薄，会发生加工硬化。可以采用加热收缩的方法将金属晶粒拉回到原来的位置上，使金属恢复应有的形状和厚度。收缩的目的是移动受拉伸的金属，但不能影响周围未受损伤的金属。

2)收缩的原理

图 3-10 所示为一根钢棒，它的两端都能够自由地伸缩。加热可以使它膨胀，冷却又会使它收缩。

(1)如果将同一根钢棒的两端都固定住，对它先加热后冷却，钢棒的尺寸就会缩短，如图 3-11 所示，其变化过程及原因如下：

①加热时，钢棒试图膨胀，如图 3-11a)所示，但它的两端无法膨胀，在钢棒的内部便产生较大的压力载荷。

②当温度进一步升高时，钢棒达到炽热状态并开始变软，压力载荷集中在赤热部位，并随着赤热部位直径的增大而释放，如图 3-11b) 所示。

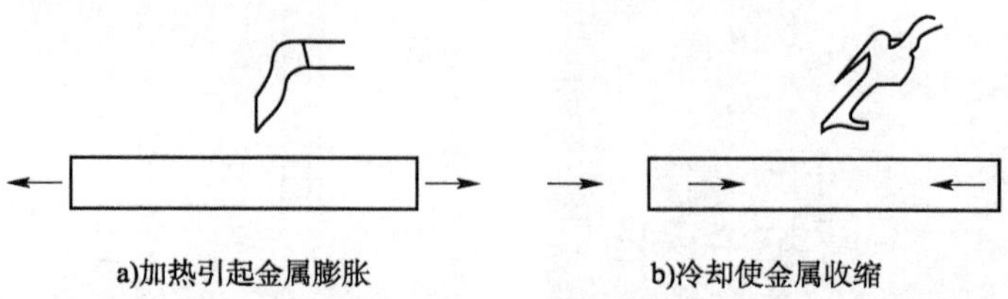

图 3-10　钢棒热胀冷缩

③如果钢棒被骤然冷却，便会产生收缩。同时由于赤热部位直径的增大，会使钢棒长度缩短，如图 3-11c) 所示。

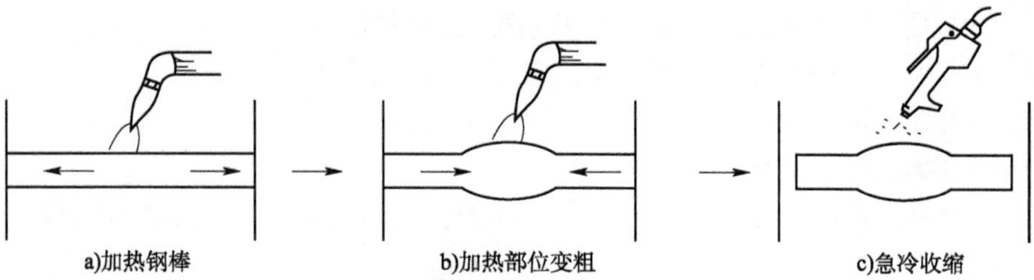

图 3-11　钢棒收缩原理

(2) 板件延展部位的收缩与上述钢棒收缩原理相同，具体过程如下：

①先对板件的一点快速加热，如图 3-12a) 所示。

②随着温度的上升，受热部位膨胀，并有越过加热区边缘继续膨胀的趋向，但由于受热区周围的部位是冷硬的，限制了板件膨胀的扩展，于是造成很大的压缩载荷，如图 3-12b) 所示。

③如果继续加热，膨胀将集中在红热区，会使该部位向外扩张而变厚，从而使板料内部的压缩载荷得以缓解，如图 3-12c) 所示。

④此时，如果红热区突然受到冷却，板料将会收缩，其表面积将比加热之前小。随着板料冷却收缩，板料内部会产生拉伸载荷与加热过程中产生的压缩载荷相抵，如图 3-12d) 所示。

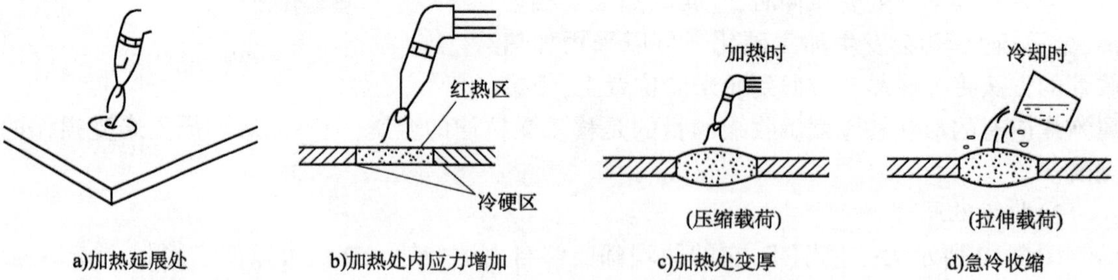

图 3-12　板件收缩原理

3) 电加热收缩

以前车身维修人员对延展的板件进行加热时，都采用氧-乙炔焊炬。但由于火焰加热有一定的局限，例如对某些高强度钢板进行收缩时加热的范围不易把握，致使钢板的强度明显弱化；另外，在某些不允许有明火的地方也不能使用氧-乙炔焊炬，因此，人们开发了其他的加热收缩工具，利用介子机的接触电阻生热的收火方法得到了广泛的应用。

电加热收火是介子机的常用功能之一，其工作原理也是利用导电介质与钢板接触时产生的电阻热来加热钢板的。电加热采用的导电介质有铜极和炭棒两种，铜极有一个圆球头，端部接触面积较小，直径通常为 5 ~ 8mm，适合于较小的点的收缩操作；炭棒的直径以 8 ~ 10mm 居多，使用时需要将端部磨削成较尖锐的圆头，在钢板上划圆来控制加热的面积。两种导电介质导电的性能很优良，产生的电阻热都集中在钢板上，加热集中且快速，收缩效果良好。更主要的是这两种介质都不会因为与钢板发生接触而粘连。

（1）铜极收火。

利用铜极收火时，要将介子机的工作程序扳柄调整到铜极收火位置（此时通电时间较焊接介子要长一些，但也是间歇通电），在介子机正极焊枪上固定铜极，负极连接到修复的钢板。操作时将铜极顶压在需要收火的部位按动通电开关，此时通电约 1s 左右，产生的电阻热将接触部位加热到鲜红色。保持顶压力，用压缩空气吹枪对加热部位进行冷却促使收缩（图 3-13），待基本冷却后（约 3 ~ 5s）停止压力和压缩空气的吹拂，移开铜极，用小钣金锤在加热点上及周围轻敲整形。

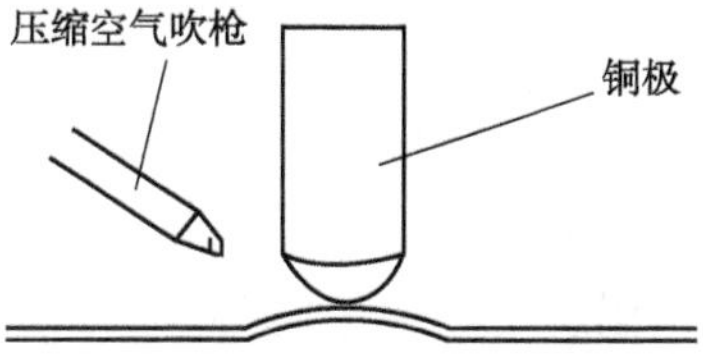

图 3-13　利用铜极对较小面积进行收缩操作

（2）炭棒收火。

使用炭棒收火时，先将炭棒截取约 30 ~ 50mm 的长度（太长会引起操作的不稳定），再将其固定在介子机焊枪上的炭棒夹头上，炭棒的前部需磨削成略尖的圆头（如图 3-14 所示）。将介子机调整到炭棒收火的程序挡位（此时是连续供电），连接负极线。将炭棒接触到板件上需要收火的部位，使炭棒和板件成大约 30°的夹角，确定好需要加热的范围（通常为不超过直径 20mm 的圆），按动电源按钮，从加热范围的外圆周逐渐向内画圆直至圆心，如图 3-15 所示。接触电阻热将加热的范围加热到樱红色，移开炭棒，用一块潮湿的布或海绵使金属的收缩部位快速冷却。这样做可以使金属发生更大程度的收缩。

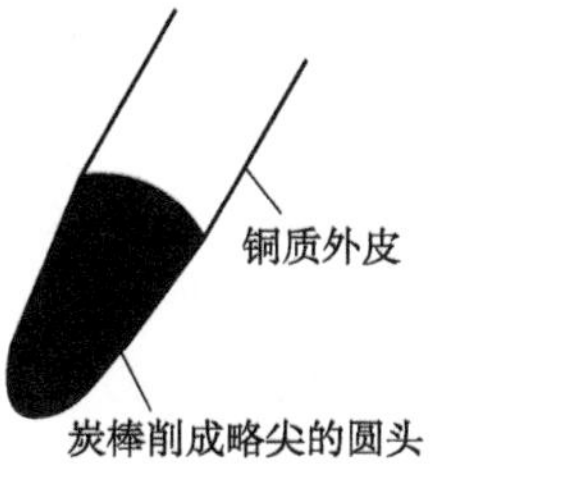

图 3-14　将炭棒削成略尖的圆头

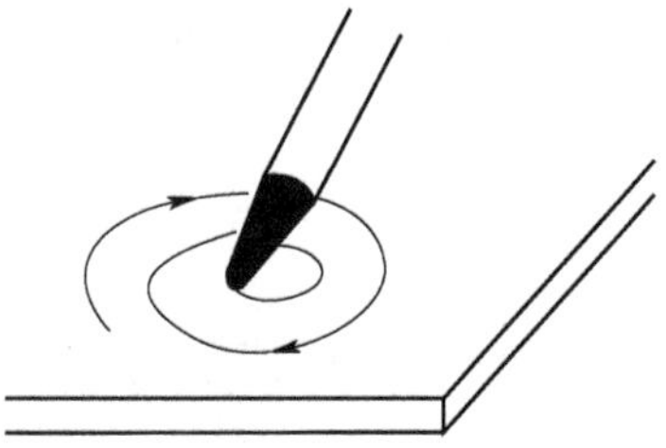
图 3-15　利用炭棒由圆周外围向圆心划圆控制加热范围

一般很难判断出每一个加热点将会有多大的收缩量。在某一处进行收缩时消除的过剩金属可能远远多于在另一处进行的同样大小的收缩。

当收缩过的部位完全冷却下来时，经常会出现过量的收缩。当某一部位产生过量收缩，最后一次收缩的金属通常会塌陷或被拉平，收缩区周围的金属有时甚至会被拉出原有的轮廓。矫正过量收缩的方法是用钣金锤—衬铁对位敲击法恢复最后一次的收缩。最后一次收缩通常是造成过量收缩的直接原因。

加热温度一般不宜超过850℃，以免过热，但也不能太低，否则达不到矫正的效果，最佳加热温度为600~800℃。加热中钢材表面颜色与温度关系见表3-2。当构件的板料较厚且需要大面积收缩时，可适当提高加热温度。

钢板加热时表面颜色及其对应温度 表3-2

颜　色	温度(℃)	颜　色	温度(℃)
深褐红色	350~580	亮樱红色	830~900
褐红色	580~650	橘黄色	900~1050
暗樱红色	650~730	暗黄色	1050~1150
深樱红色	730~770	亮黄色	1150~1250
樱红色	770~800	白黄色	1250~1300
淡樱红色	800~830		

需要注意的是：目前高强度钢在车身上被广泛应用，而其对温度一般是比较敏感的，当加热温度超过一定值时，其强度将大大下降。如高强度-低合金钢的加热温度不得超过350~480℃，高抗拉强度钢的加热温度不得超过650℃。因此，对于这些特殊钢板，控制其加热温度便显得非常重要。

用热蜡笔可以更加精确地控制金属板的加热温度。这种彩色加热蜡笔，可以用于监视金属材料的实际加热温度，比用经验控制加热时金属板颜色的方法更加精确、可靠。使用时先按加热温度要求选择符合控制要求的蜡笔，在金属板的加热区域画上蜡笔标记。当板件加热至蜡笔上所标明的指定温度时，热蜡笔记号便会溶化，此时应立即停止加热。

从以上的操作过程可以看出，铜极收缩不在收缩表面移动，只对小面积的凸点或凹陷进行收缩；炭棒则作为加热的工具可以对较大的范围进行加热。

在进行炭棒收火时，一定要注意通电时间不能过长，否则，容易烧坏焊枪。一般每收火一次后要用压缩空气吹拂，使其冷却。

3. 介子机的使用注意事项

为保证介子机的安全、人员的安全以及良好的维修质量，在使用介子机对板件进行维修作业时要做到以下几点：

(1)正确调整介子机的功能手柄，保证设备可靠接地，不适当的工作状态可能会造成严重的后果。

(2)使用介子机时必须拆掉车辆的电瓶电源线，防止大电流通过时将车上的电子设备损坏。

(3)清理车身周围，尤其是工作区域周围，不可有油渍等易燃物品，防止火灾。

(4)绝缘保护，操作人员应戴绝缘手套和穿绝缘鞋等工作装，不可将线缆放置在有毛刺的金属板断面上。

(5)不要用这种方法修整汽车的油箱、油管路或油箱周围易燃易爆的区域。

(6)将需要焊接介子的地方彻底打磨干净，介子上的焊接点也要干净，否则可能会造成焊接不实，且会有火花，严重时甚至击穿钢板。

(7)不要选用纯铜或铝制的介子，因为铜、铝等金属与铁材的焊接强度很差或根本焊接不到一起。

(8)焊接介子时要适当用力通过焊枪压介子,否则,会因接触不实而产生火花,造成焊接不牢固,甚至会击穿钢板。

(9)搭铁夹钳所夹位置要保证接触良好,且尽量靠近焊接点,如图3-16所示。

(10)焊完后不能立刻用手摸介子,以防烫伤。

(11)焊接功率(功能)和时间选择要合适,否则会出现焊不住或烧透板件的现象,如图3-17所示。

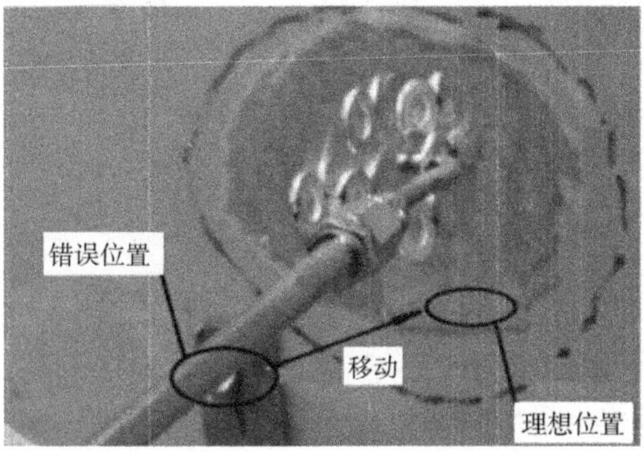

图3-16　搭铁点设置位置

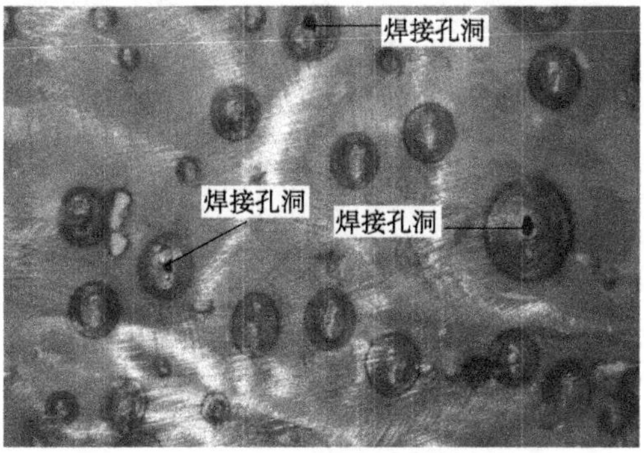

图3-17　板件焊穿情况

(12)拉拔介子时,要保持重心稳定,以防摔倒。当拉拔点较高时,两脚自然分开成前后关系站立,如图3-18所示;错误姿势如图3-19所示。当拉拔点较低时,两脚自然分开成前后关系下蹲,如图3-20所示;错误姿势如图3-21所示。

图3-18　高位拉拔正确姿势

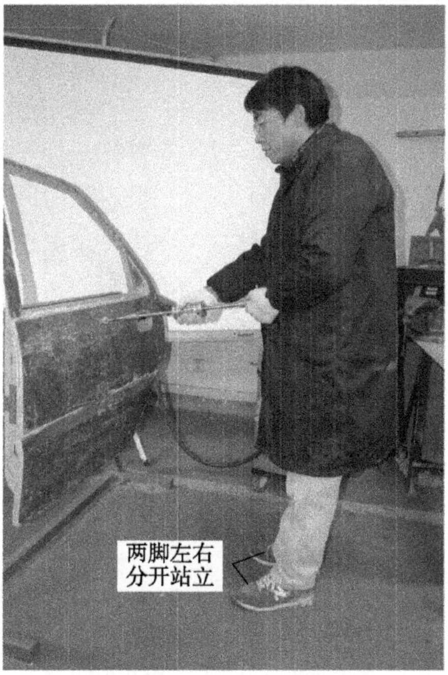

图3-19　高位拉拔错误姿势

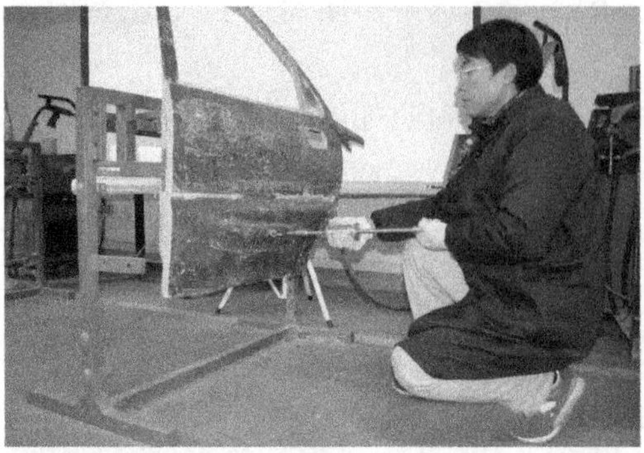

图 3-20　低位拉拔正确姿势

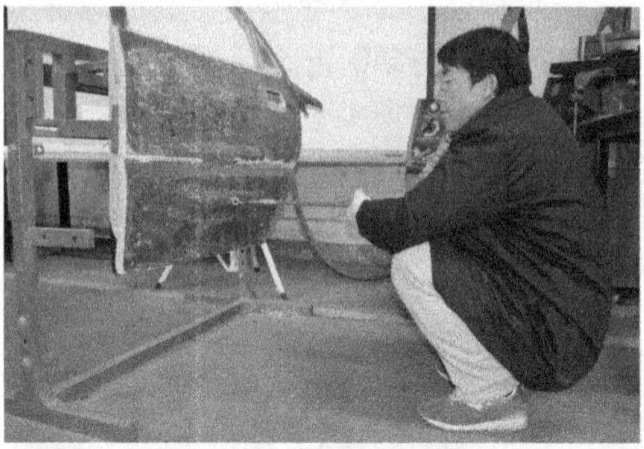

图 3-21　低位拉拔错误姿势

二、任 务 实 施

1. 施工程序

在任务实施前，首先要正确掌握门板的机械修复的施工程序，如图 3-22 所示。

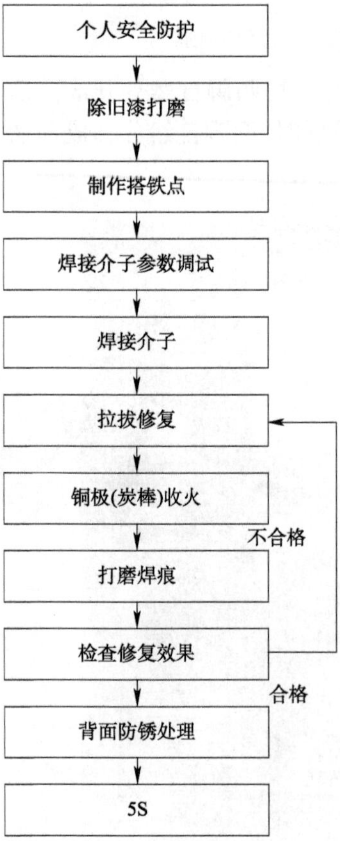

图 3-22　门板的机械修复施工程序

2. 准备工作

(1)安全防护。工作鞋、工作服、工作帽、护目镜、防护墨镜(炭棒收火时)、防尘口罩、焊接口罩、线手套(拉拔操作时)、绝缘手套(焊接、打磨时)、耳塞等必须齐全有效。需要说明的是焊接口罩是为了防止收火时钢板背面防锈漆燃烧产生的有害气体对人体造成伤害，在实际工作中很少有人佩戴，应引起重视。

(2)设备工具准备。该任务用到的主要设备是介子机，应先打开介子机的电源开关，将手动自动开关置于自动，初步调整焊接时间(尽量短)，将功能选择开关置于垫圈焊接挡。其次是角磨机或气动单动作打磨机，应检查其运行是否正常。用到的工具有钣金锤、柔性锉、钢板尺、水桶、抹布、记号笔、防锈漆等，应保证齐全有效。

(3)材料准备。应提前在机械修复用的门板上人为制作出凹陷损伤，初次学习时凹陷应浅、小，水平较高时凹陷应深、大且有硬折损。

3. 拉环牵引

拉环牵引法修复的程序如下：

(1)确定损伤程度。图 3-23 所示为一个受损汽车的示例，在车门的中心部位受到撞击(在饰条处)，检查发现在 a 处和 b 处发生了塑性变形。确定变形部位后，用记号笔画出变形范围。

(2)清除旧漆膜。应先拆掉装饰压条,再将记号笔圈定范围的旧漆膜清除干净,可用电动打磨机配黑金刚轮或用气动单动作打磨机打磨,以提高工效,不建议使用角磨机配砂轮片施工(损伤板件)。

(3)设置搭铁点。搭铁点必须设置在需维修的范围以内,距离垫圈焊接点越远,额外增加的工作量将越大。

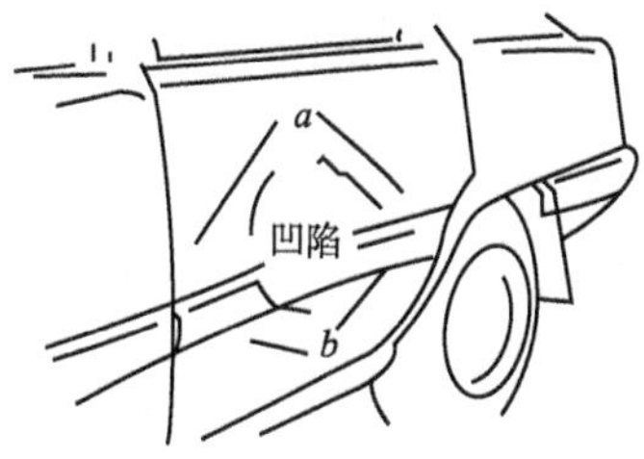

图 3-23　确定损伤部位

(4)焊接垫圈。根据损伤范围和损伤程度决定要焊接的垫圈的位置和数量,相邻垫圈的距离至少 30mm,以保证拉拔时不影响相邻垫圈,如图 3-24 所示。如果是直型线(加强筋)损伤,则要保证垫圈被焊在沿型线的直线上。保证焊接点呈直线的方法有两种,一是用直尺和记号笔在受损的型线上画直线,二是将纸胶带粘贴在型线上(保证纸胶带的边与型线重合)。另外,在焊接垫圈时要一只手捏着或顶着垫圈,另一只手持焊枪稍向下压,确保焊接时垫圈不会移动且焊接牢固,如图 3-25 所示。

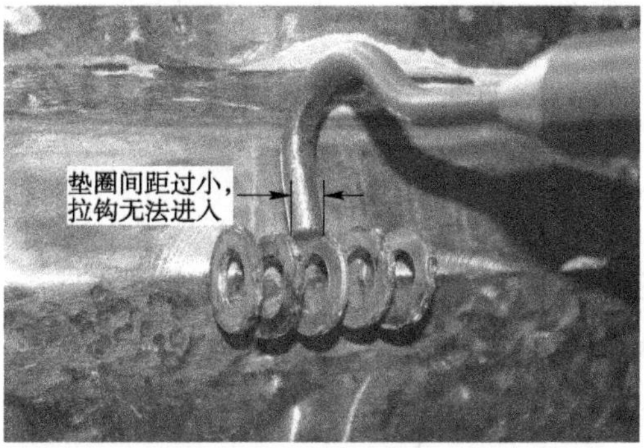

图 3-24　焊接垫圈间距

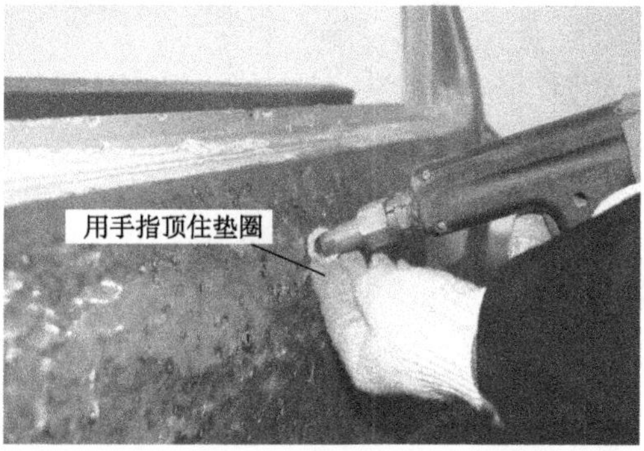

图 3-25　焊接垫圈的正确操作方法

(5)用拉环牵引法修复凹陷和鼓凸。板件的刚度由车身型线保证,如果型线受损,板件会出现大面积翘曲;如果型线矫正好,板件上的变形也会得以减少。所以要先矫正型线,然后再修整其他表面。有时虽然型线变形最大,但矫正后,板件上的变形并未完全消除,这是由于板件不仅因型线变形刚度下降,还因塑性变形受到了拉伸,这时需要进行收缩处理以消除应力,记住这一点,维修起来便不会有太大困难。

采用滑锤牵引修复,适用于轻度或小范围的变形修复,如图 3-26 所示。

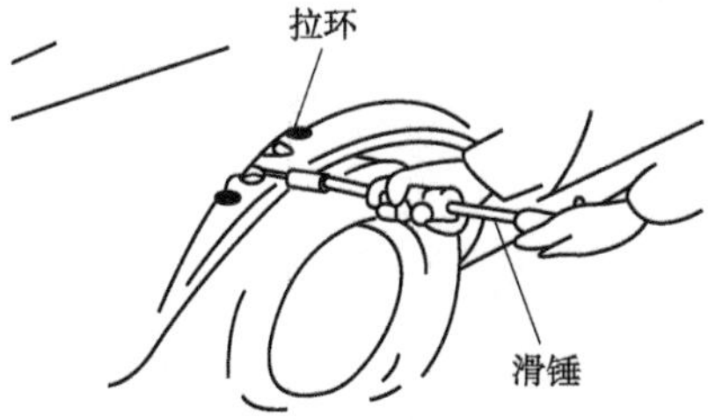

图 3-26　滑锤牵引

使用一根或数根动力牵引链进行牵引修复,应用于变形较大或强度较强的场合,如图 3-27 所示。这时,要将垫圈沿型线焊接,再在其中穿入钢质拉轴,使用动力牵引链拉拔。

图 3-28 所示为拉环牵引法的全面概括。

(6)用锉刀检查并维修轻微凹凸表面。拉环牵引法修复,只对板件上较大的凹凸整平,剩余的轻微凹凸表面,可用锉刀来检查。如图 3-29 所示,用锉刀锉削的目的,不是要将板件上的凸起部分磨掉,而是通过锉痕来显示凹凸的位置,然后用鹤嘴锤等工具整平。如此不断地锉了敲,敲了锉,最后使整个表面均匀地布满锉痕,整平工作即告结束。

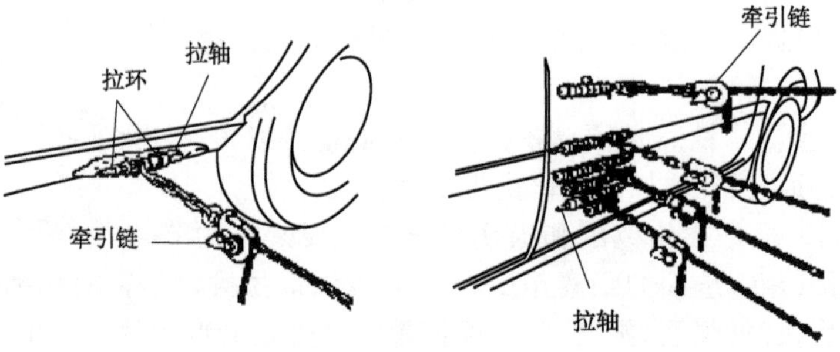

图 3-27 动力牵引

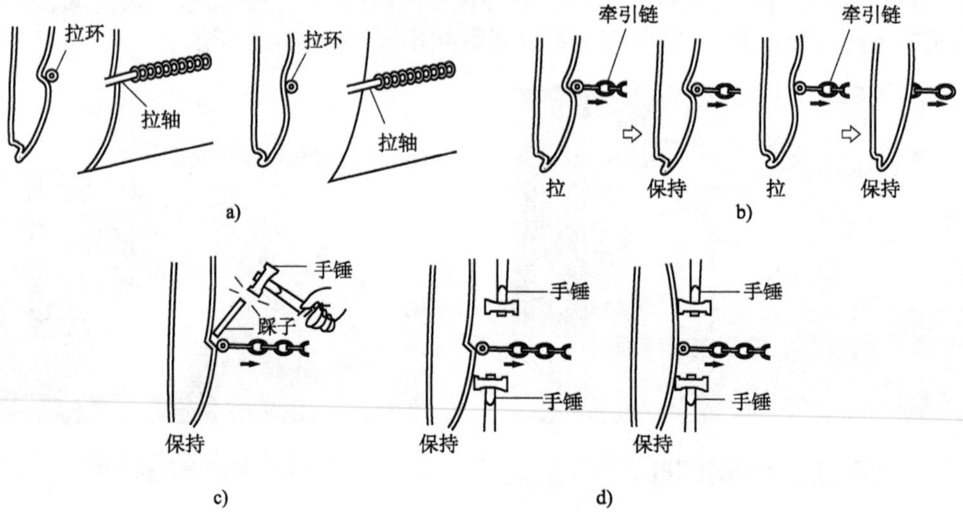

图 3-28 拉环牵引法

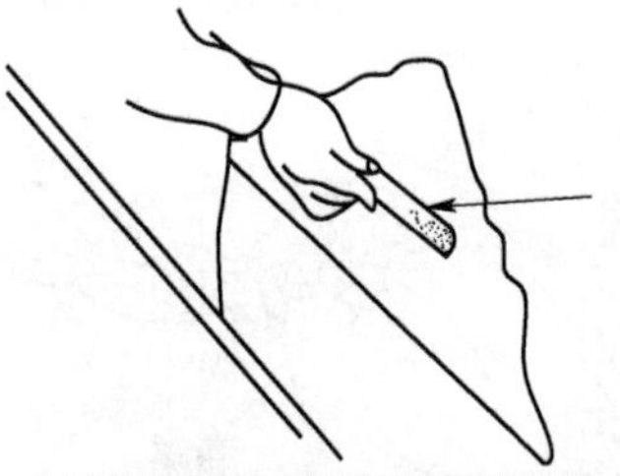

图 3-29 锉刀检查法

根据不同的待整平面,可选用平面锉、曲面锉来检查,还有一种可调的柔性锉,适应面比较广,如图 3-30 所示。

运用锉刀检查时,有锉痕处为凸起部分,无锉痕处是凹点,如图 3-31 所示。运锉应从未损坏区的一边开始锉,然后穿过损坏区,到达未损坏区的另一边。采用这种方法时,未损坏区和损坏区的正确平面都能得到保持。在锉削过程中,应该握住手柄往前推。用手握住锉的头部,以便控制压力的大小和方向。每次锉的行程应尽量拉长。在返回的过程中,用手柄将车身锉从金属上拉回。当锉一个很平坦的部位时,将锉与推进方向成 30°角,水平推锉。也可以将锉平放,沿着 30°角的方向推,如图 3-32 所示。在隆起的金属板上,应将锉平放,并沿着变平的凸起处平推,或者沿着凸起处最平坦的方向平放,以 30°或更小的角度向一边推,如图 3-33 所示。锉削要注意,不可锉过量,以免将板件锉穿。

用车身锉可以找出所有的低点。于是修理工便可拉出所有低点,敲平各个高点,然后再用车身锉寻找。应反复进行这一过程直至所有高低点消失。

(7)用鹤嘴锤精修。对于稍严重的高点,要用鹤嘴锤精修。用鹤嘴锤整平时,敲打凸出部位要轻,避免板件又凸向反面,如果板件往里陷得厉害,可再次用拉环牵引。

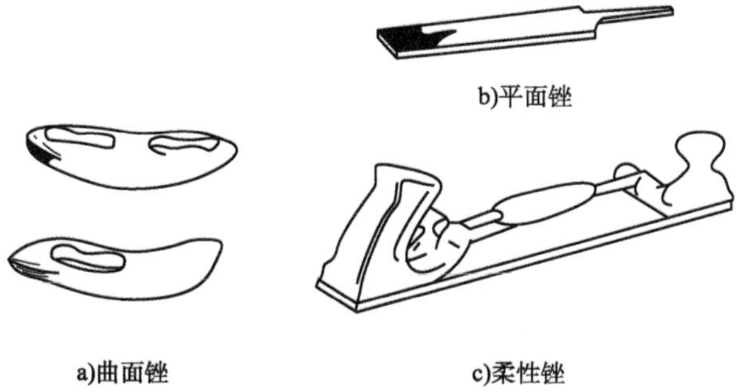

图 3-30　锉刀类型

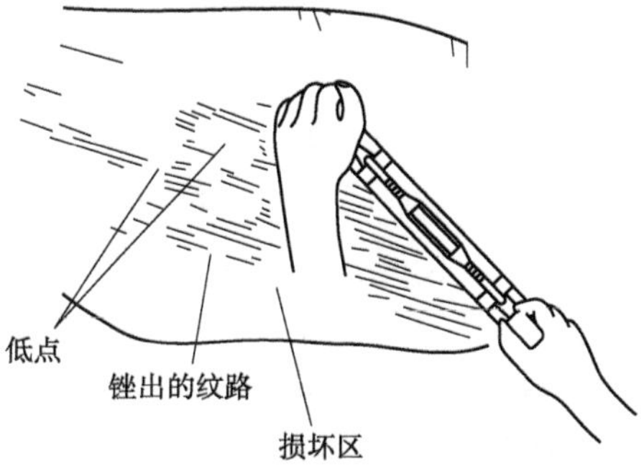

图 3-31　锉削后露出低点

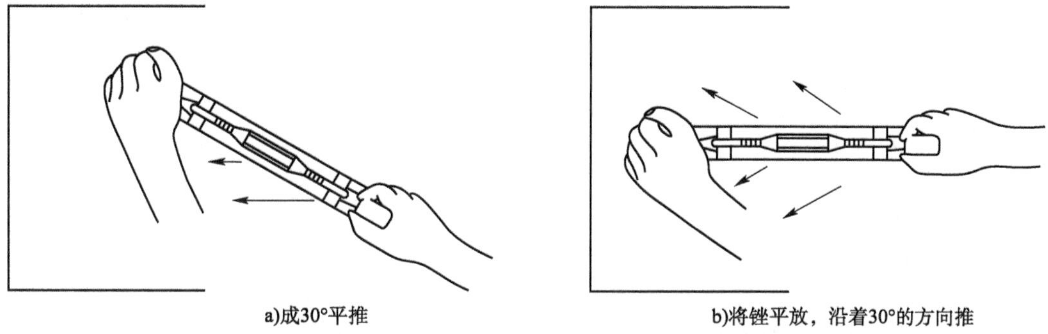

图 3-32　车身锉推动方向示意图

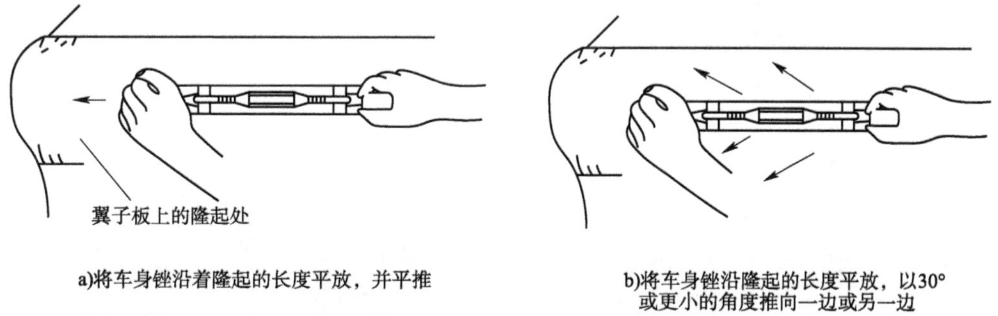

图 3-33　用车身锉检查隆起金属板

(8)孔洞处理。形状修复完成后,要仔细检查工件上有无因焊接垫圈而出现的小孔,若有,则要用 CO_2气体保护焊补焊(焊接方法在学习任务 5 中介绍)。

(9)打磨垫圈焊疤。板件修到规定轮廓后,要将所有焊疤打磨平滑,以便漆工进行涂装作业。打磨时可用气动单动作打磨机或角磨机。

4. 电加热收火

电加热收火按以下流程进行操作:延展判断→收火方式确定→收火→钢板性能检查→打磨收火痕迹。

(1)判断延展。根据拉环拉拔后的表面特点,确定用铜极或炭棒来收火。一般检查的方法是用大拇指按压钢板,若明显能按下,从背面又能顶起,且伴有“咕咚”声音,则说明有较大面积的延展;如果按不动,但目测或手摸都有高点存在,则说明有小的延展。

(2)确定收火方式。对于大面积的延展,则需要实施炭棒收火,对于小面积延展(凸点),则要实施铜极收火。

(3)实施收火。根据确定好的收火方式,对延展钢板进行收火。

①铜极收火。接好搭铁线,换上铜极收火头,将功能选择开关置于“铜极收火”位置,将供电方式置于“断续”(“自动”),调整供电时间至合适位置,准备好吹尘枪,实施收火。收火时注意把握通电时间、铜极头对钢板的顶压力、吹尘枪冷却的时机等。

②炭棒收火。接好搭铁线,换上炭棒收火头,将炭棒固定在收火头上,将功能选择开关置于“炭棒收火”位置,将供电方式置于“连续”(即“手动”),准备好水桶和毛巾,实施收火。收火时注意把握钢板加热温度(颜色)、收火次序、单次收火范围等。

(4)钢板性能检查。完成收火操作并待钢板冷却后,要进行效果检查,即钢板刚性是否恢复、钢板有无凸点。若不符合要求,则要重复收火操作。

(5)打磨收火痕迹。收火操作完成后,要使用单动作气动打磨机配 P60 或 P80 砂纸,对收过火的部位进行打磨,一则去除收火痕迹,降低钢板生锈的可能,二则便于后续的涂装作业。

5. 防锈处理

在焊接拉环或加热收缩时,一定会破坏板件内侧的防锈涂层,破坏情况如图 3-34 所示。如果对此不进行处理,钢板内侧将很快产生腐蚀,继而引起板件外涂层下腐蚀,然后不断扩大,最终钢板蚀穿,外涂层脱落。因此,为保证板件的寿命,必须在整平后,重新进行防锈处理。

具体防锈处理方法是:用 P80 砂纸手工打磨钢板内侧受损部位,然后喷涂防锈底漆。需要提醒的是,在实际工作中,有些修理厂在此喷底盘装甲用“粒粒胶”,如图 3-35 所示,该产品的主要特点是防砂石冲击,防锈效果不是很好。

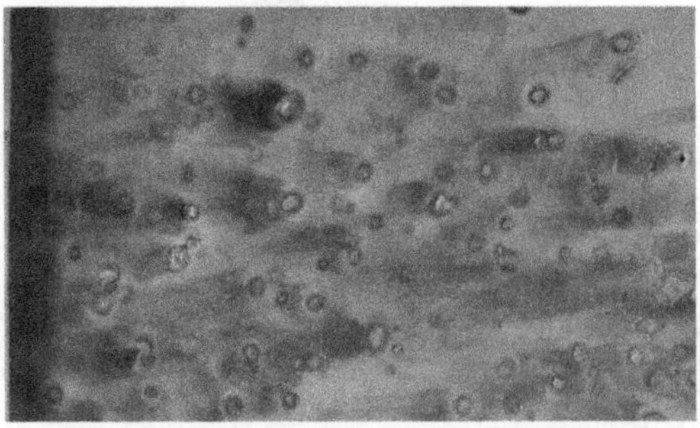

图 3-34　用介子机修复后的钢板背面损伤情况

图 3-35　钢板背面错误防锈

三、技能考核

1. 作业内容

学生对变形的门板进行介子机拉拔修复,并作最终的防锈处理。

2. 作业要求

变形规格：长 80mm、宽 5mm、深 3mm。对此变形先进行除旧漆打磨，再通过介子拉拔、电加热收火和辅助钣金锤敲击，使其恢复到原来轮廓形状。要求不能高出原轮廓，也不能低于原轮廓 1mm 以上。考核时间为 30min。

3. 考核工具及材料

介子机（含辅助工具）；角磨机；干磨砂纸；砂带磨机；钣金锤；柔性锉；吹尘枪；抹布；水桶；冷水；防锈底漆；安全防护用品。

4. 评分标准

介子机修复门板考核标准见表 3-3。

介子机修复门板技能考核表 表 3-3

序号	评分项目	配分	评判标准	得分
1	工具、设备调整及使用方法	25	正确判断损伤受力方向，选择适当拉伸修复方法，否则扣 1～25 分	
2	旧漆打磨	5	设备选择、使用正确，打磨干净，且未损伤钢板，否则扣 1～5 分	
3	修复后表面高度	30	高出基准、低于基准 1mm 为不合格，扣 30 分	
4	修复后的孔洞	15	修复后出现孔洞每个扣 5 分	
5	内侧防锈处理	5	防锈处理方法正确、到位，否则扣 1～5 分	
6	个人安全防护	10	未使用或错误使用防护用品，每项扣 5 分	
7	5S	10	考核结束未进行清理，摆放杂乱，扣 10 分	
8	考核时间	—	考核时间为 30min，超过规定考核时间停止操作	
合计		100		

四、评价反馈

1. 自我评价

（1）通过本任务的学习你是否已经掌握以下问题：

①钣金维修中什么情况下需要使用介子机？

____

____

____

②介子机的基本组成是什么？工作原理是怎样的？

____

____

____

③介子机一般都会配哪些附带工具？

____

____

____

④介子机一般都有哪些功能？

⑤介子机的控制面板上一般都有哪些按钮(旋钮)？如何调整？

⑥如何选择搭铁点？

⑦焊介子时应注意哪些事项？

⑧拉拔介子时应注意哪些事项？

⑨如何进行铜极收火？

⑩如何进行炭棒收火？

⑪使用介子机维修板件时,应如何做好安全防护？

(2)你是否已经掌握了介子机修复变形板件的正确操作技能？

(3)实训过程完成情况。

评价：

(4)工作中的安全防护是否规范？

评价：____

(5)能否积极主动参与工作现场的清洁和整理工作？

评价：____

(6)在完成本学习任务的过程中，你是否主动帮助过其他同学？并和其他同学探讨板件机械修复的有关问题？具体问题是什么？结果是什么？

____

____

____。

(7)通过本学习任务的完成，你认为自己在使用介子机修复变形板件时哪些方面还有待进一步改善、提高？

____

____

____

签名：____________　　______年______月______日

2. 小组评价

小组评价见表3-4。

小组评价　　表3-4

序号	评价项目	评价情况
1	学习态度是否积极主动	
2	是否服从教学安排	
3	是否达到全勤	
4	着装是否符合要求	
5	是否合理规范地使用仪器和设备	
6	是否按照安全和规范的规程操作	
7	是否遵守学习、实训场地的规章制度	
8	是否积极主动地和他人合作、探讨问题	
9	是否能保持学习、实训场地整洁	
10	团结协作情况	

参与评价的同学签名：____________　　______年______月______日

3. 教师评价

____

____

教师签名：____________　　______年______月______日

学习任务4　车身钣金件的切割

学习目标

1. 能叙述气动锯切割和空气等离子弧切割的工作原理；

2. 知道气动锯切割和空气等离子弧切割的操作安全防护与环境条件、切割设备连接及准备事项；

3. 能进行空气等离子弧切割的工艺参数的选择与调整；

4. 能根据钣金件切割操作流程规范完成空气等离子弧切割作业；

5. 能用气动切割锯进行板件切割。

任务描述

以金属薄板切割为例，通过完成该学习任务，知道空气等离子弧切割和气动锯切割的适用范围，掌握切割设备的连接、工艺参数的选择与调整以及设备的维护，在做好个人安全防护的前提下，能独立完成气动锯切割与空气等离子弧切割的施工。

学习引导

本学习任务沿着以下脉络进行学习：

板件切割基础知识学习→等离子切割机(气动锯)的分类、结构、维护→等离子切割机(气动锯)的施工安全防护→实施薄钢板(车身板件)的等离子切割机(气动锯)切割→讨论并分析任务实施中所遇到的问题→技能考核→评价反馈。

一、相 关 知 识

事故车局部板材损伤到不可修理的时候，则需将此板材作局部或全部的切除，然后用焊接方法在切除部位更换新件。

车身钣金件切割的常用方法有冲裁、等离子切割、气动锯、手动剪、电动剪、气动剪、砂轮机切割、氧-乙炔焰切割(气割)等。

过去有许多修理工都是用焊炬将损坏部分割掉，这种方法有许多缺点：一是焊炬切割后，切割部分因受热而变形，为了便于焊接新件，就必须对切割部分进行整形，给修理工增加了一定的整形工作量；二是对金属零件的内部结构来讲，由于焊炬温度超过了2500℃，即加热温度过高，使得金属内部的金相组织发生变化，即晶粒与晶粒之间晶界发生氧化或熔化，当金属在腐蚀环境中，晶界的腐蚀速度一般比晶粒内部快，所以加热温度过高后，会造成金属过早的锈蚀；三是焊炬温度过高，在切割区域的防腐层（材料）的损失，使金属锈蚀；四是气割热量不集中，势必要延长加热时间，导致被切割钢板的热影响区域增大很多，从而使钢板的强度大大下降。

目前，在汽车车身修理时，等离子弧切割正在取代氧-乙炔焰切割，成为当今汽车行业金属切割的最先进的方法，它能够迅速有效地切割受损坏的金属而不改变母材的性能。

因为现在很多整体式车身的轿车上都装有高强度钢或高强度合金钢零部件，火焰切割法恰好不适用于这两种钢材。等离子弧切割具有产生的热量多、运行速度快和输入的热量少等特点，再加上它可以轻易地切割生锈的、带有油漆或覆盖层的金属，因此，它在汽车车身修理领域是一种理想的切割方法。而气动锯切割更是没有热影响区域，且无火灾隐患，还可有效控制切割深度，但效率较等离子切割低一些。所以，等离子切割和气动锯切割是目前车身钣金修复中应用最为广泛的切割工艺。

本任务介绍汽车钣金修复中常用的等离子弧切割和气动锯切割。

等离子弧切割（即等离子空气切割）的实质是在极小的范围内产生一般很强的热气流，这股热气流熔化并带走金属。采用这种方法，可以很整齐地切割金属。此外，由于热量非常集中，甚至在切割薄金属板时，也不会使金属板弯曲。

1. 等离子弧切割

1）等离子弧切割的原理

（1）等离子体的概念。

等离子体是一种特殊的物质，现代物理学中把它列于物质三态（固态、液态、气态）之后，称为物质第四态。在电弧的产生中提到气体的电离问题，即气体在获得足够能量的时候，便会使中性的气体分子或原子电离成带正电的离子和带负电的电子。充分电离的气体就是等离子体。由于等离子体具有较好的导电能力、极高的温度和导热性，能量又高度集中，因而对于熔化一些难熔的金属和非金属非常有利。

（2）等离子弧的产生。

以前所说的电弧，由于未受到外界的约束，故称为自由电弧。在电弧区内的气体是未被充分电离的，能量不能高度集中。为了提高弧柱的温度，可以增大电弧电流和电压，但是由于弧柱直径与电弧电流和电压成正比，因而弧柱中的电流密度近乎等于常数，其温度也就被限制在5000～6000℃范围内。如果对自由电弧的弧柱进行强迫“压缩”，就能获得导电截面收缩比较小而能量更加集中的电弧——等离子弧。这种强迫压缩的作用，称为“压缩效应”。

使弧柱产生“压缩效应”有如下三种形式：

①机械压缩效应。如图4-1a）所示，在钨极（负极）和工件（正极）之间加上一个较高电压，通过激发使气体电离形成电弧。此时，若弧柱通过具有特殊孔形的喷嘴，并同时送入一定压力的工作气体时，使弧柱强迫通过细孔道。弧柱便受到了机械压缩，弧柱截面积缩小，这就称为机械压缩效应。

②热收缩效应。当电弧通过水冷却的喷嘴，同时又受到外部不断送来的高速冷却气流（如氮气、氩气等）的冷却作用，使弧柱外围受到强烈冷却。其外围电离度大大减弱，电弧电

流只能从弧柱中心通过,即导电截面进一步缩小,这时电流密度急剧增加,这种作用称为热收缩效应,如图4-1b)所示。

③磁收缩效应。带电粒子在弧柱内的运动,可看成是电流在一束平行的"导线"内移动。由于这些"导线"自身的磁场所产生的电磁力使这些"导线"相互吸引,因此产生磁收缩效应,如图4-1c)所示。由于前述两种收缩效应使电弧中心的电流密度已经很高,使得磁收缩效应明显增强。

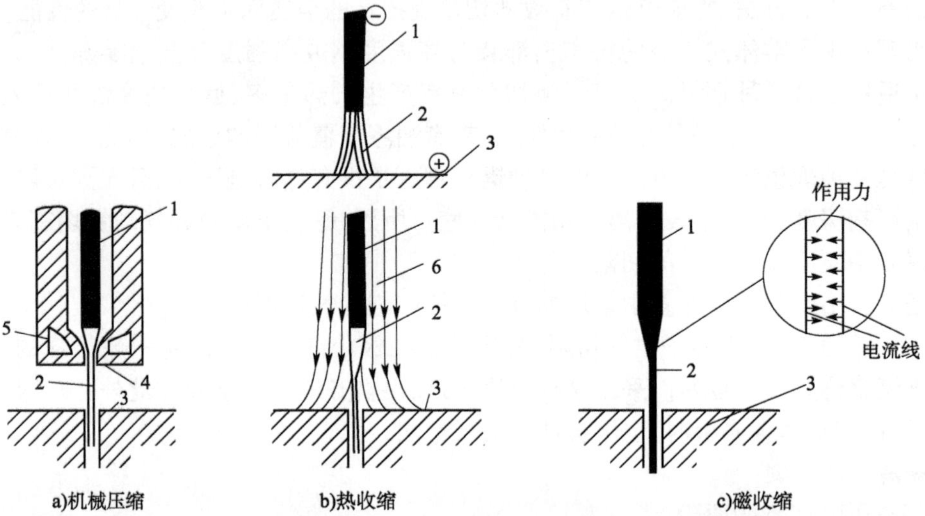

图4-1 等离子弧的压缩效应

1-钨极;2-电弧;3-工件;4-喷嘴;5-冷却水;6-冷却气流

(3)等离子弧切割用工作气体。

离子气有N_2、Ar-H_2、N_2-H_2、O_2以及空气等。两种气体混合使用都比单一的气体好,其中尤以Ar-H_2及N_2-H_2混合气切口质量最好,N_2价格相对低廉。

进入切割机的压缩空气分为两路:一路为保护气,用来冷却割炬;另一路为工作气,完成对电弧的压缩(如图4-2)。

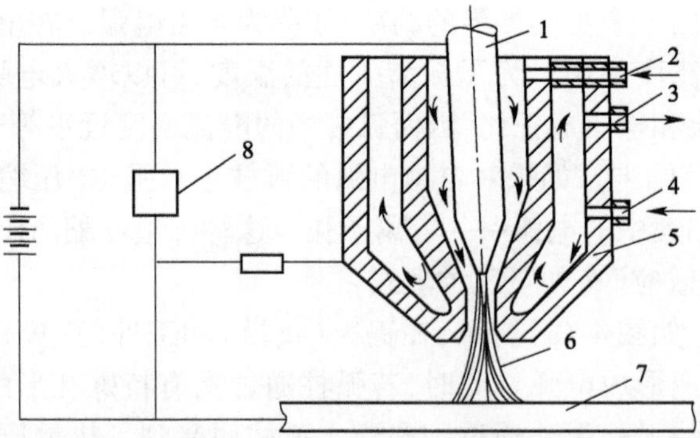

图4-2 等离子弧发生装置原理图

1-钨极;2-进气管;3-出水管;4-进水管;5-喷嘴;6-弧焰;7-工件;8-高频振荡器

(4)切割电弧的产生。

从图4-3a)可以看出,有两处有气体流过。进行等离子弧切割时,用压缩空气来进行屏蔽和切割。空气作为屏蔽气体,将割炬喷嘴的外部屏蔽起来,并对该区域进行冷却,使割炬不会过热。空气还用作切割气体。空气在流向喷嘴口的过程中,围绕着电极产生涡流。这种涡流现象有助于对气体的压缩。当设备接通时,在喷嘴和内部电极之间形成一个电维弧,如图4-3b)所示。切割气体到达这里以后,达到过热状态。

这时,气体的温度很高,产生电离,所以能够传递电流(被电离的气体就是等离子体)。狭小的喷嘴口使膨胀的等离子体加速流向工件,当等离子体离工件足够近时,电弧穿过这一间隙,同时等离子体将电流传递到这里,如图4-3c)所示,这就是切割电弧。

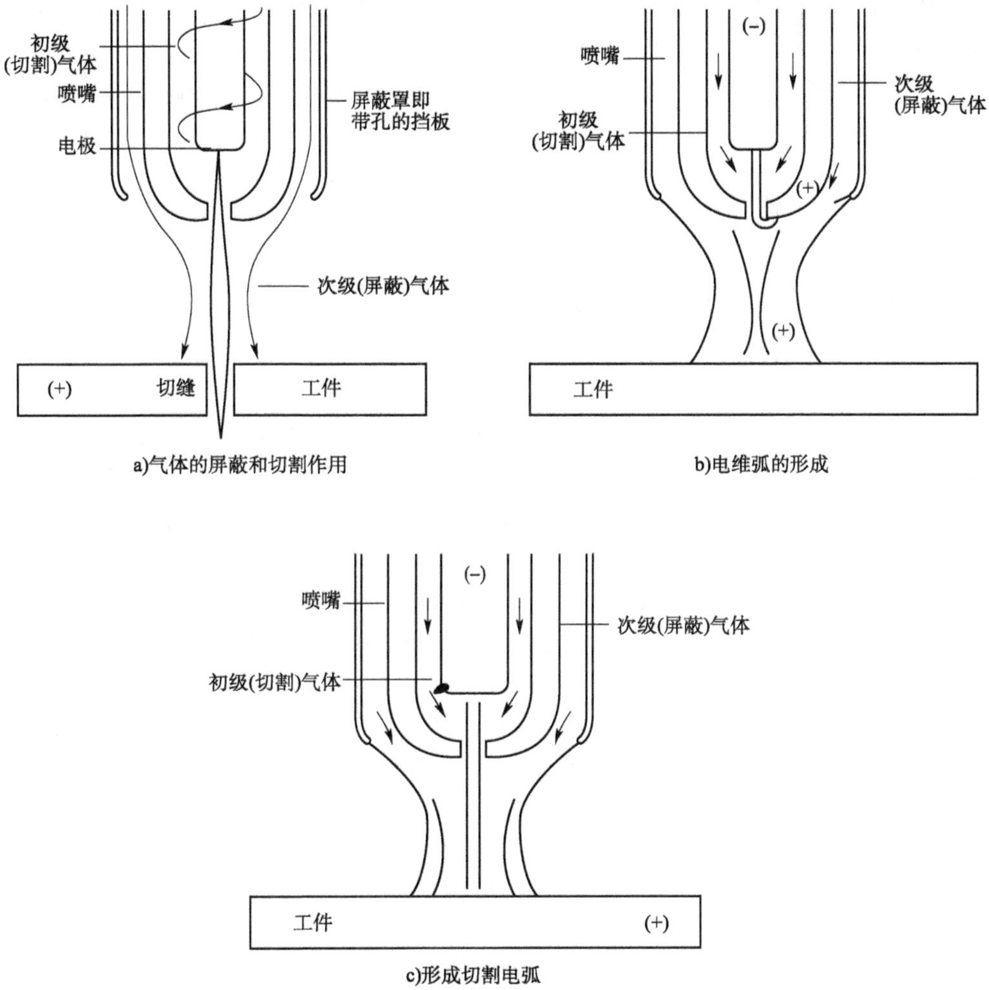

图4-3 等离子切割装置

极高的温度和切割电弧的共同作用,在金属上熔化出一条狭窄的通道,使金属扩散到空气中并形成微粒。等离子体的作用力将所有金属微粒吹走,形成一条整齐的切口。

2)等离子弧切割的特点

(1)温度高,能量集中。

(2)导电、导热性能好。

(3)电弧挺直度好、稳定性好。弧柱发散角仅为5°。

(4)冲击力大。在三种收缩效应作用下,带电粒子以300m/s的速度从喷嘴喷出。

(5)等离子弧可以切割各种高熔点金属及其他切割方法不能切割的金属,如不锈钢、耐热钢、钛、钼、钨、铸铁、铜、铝及其合金。切割不锈钢、铝等厚度可达200mm以上。

(6)可切割各种非金属材料。采用非转移型电弧时,由于工件不接电,所以在这种情况下能切割各种非导电材料,如耐火砖、混凝土、花岗石、碳化硅等。

(7)切割速度快、生产率高。在目前采用的各种切割方法中,等离子切割的速度比较快,生产效率也比较高。例如,切10mm的铝板,速度可达200~300m/h,切厚段为12mm的不锈钢,速度可达100~130m/h。

(8)切割质量高。等离子弧切割时,能得到比较狭窄、光洁、整齐、无黏渣、接近于垂直的切口,而且切口的变形和热影响区较小,其硬度变化也不大。

(9)不足:设备复杂,投资大,空载电压高。

3)等离子弧的类型

(1)非转移型等离子弧。非转移型等离子弧如图4-4a)所示,其电源接于钨极和喷嘴之间,在离子气流压送下,弧焰从喷嘴中喷出,形成等离子焰。工件本身并不通电,而是被间接加热。因此热的有效利用率不高,约10%~20%,故这种等离子弧主要用于金属薄板的焊接和许多非金属材料的切割与焊接。

(2)转移型等离子弧。转移型等离子弧如图4-4b)所示,其电源接于钨极和工件之间。因该电弧难以形成,需在喷嘴上也接入正极。先在钨极与喷嘴之间引燃电流较小的等离子弧(又称诱导弧),为工件和电极之间提供足够的电离度,然后迅速接通钨极和工件之间的电路,使该电弧转移到钨极和工件之间直接燃烧,随即切断喷嘴和钨极之间的电路。在正常工作状态下,喷嘴保持中性不带电。转移型等离子弧的阳极斑点直接落在工件上,电弧热有效利用率大为提高,达60%~75%。所以金属焊接和切割几乎都采用这种转移型等离子弧。

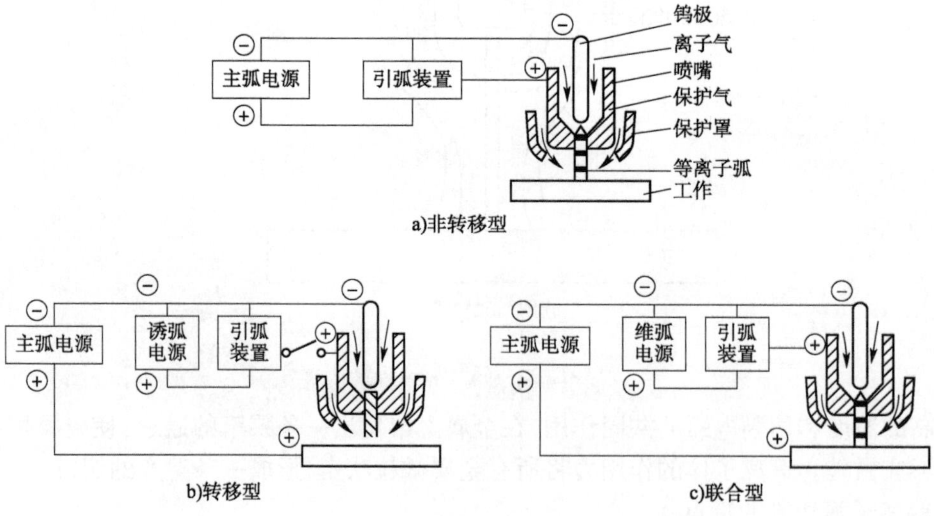

图4-4　等离子弧的类型

(3)联合型等离子弧。联合型等离子弧如图4-4c)所示,它是非转移型等离子弧和转移型等离子弧在工作过程中同时并存。前者在工作中起补充加热和稳定电弧作用,故又称它为维弧;后者称主弧,用于焊接。联合型等离子弧主要用于小电流(微束)等离子弧焊接和粉末堆焊。

4)等离子弧切割的类型

等离子弧切割技术尚在发展中,从目前工业上已应用的切割方法大致可从几个方面进行归纳。

(1)按等离子弧的类型分有转移型等离子弧切割和非转移型等离子弧切割两大类,后者能用于切割非金属材料。

(2)按所用的工作气体(等离子气)分有氩等离子弧、氮等离子弧、氧等离子弧和空气等离子弧等切割方法。

(3)按对电弧压缩情况分为一般等离子弧切割(指电弧只经过机械压缩、热压缩和电磁压缩)和水再压缩等离子弧切割两类。

目前车身修理使用的是转移型空气等离子弧切割,因此只能切割金属零件,后面所提到的等离子弧切割如果不特别指明,都是指这种方法。

5)等离子切割设备

空气等离子弧切割设备由电源、控制系统、割炬(枪)、供气系统等组成(图4-5)。汽车钣金维修中使用的等离子切割机功率较小,一般采用风冷。图4-6为常见汽车钣金维修用等离子切割机的实物结构,其控制面板如图4-7所示,背面结构如图4-8所示。

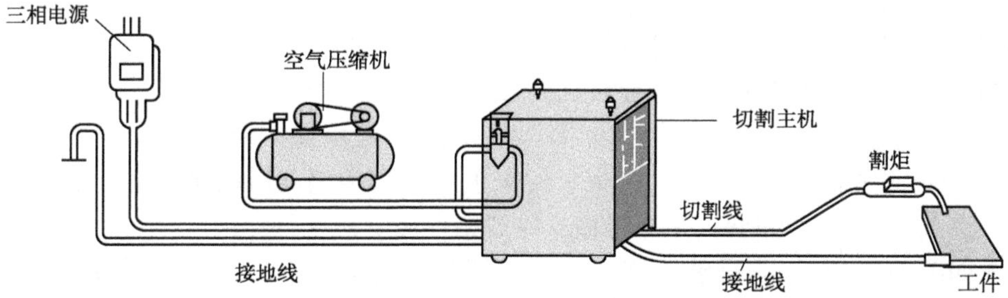

图4-5 等离子弧切割系统的构成

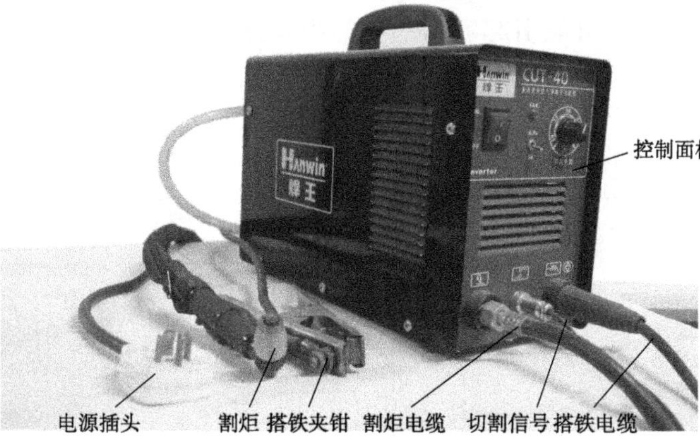

图4-6 汽车钣金维修用等离子切割机的构成

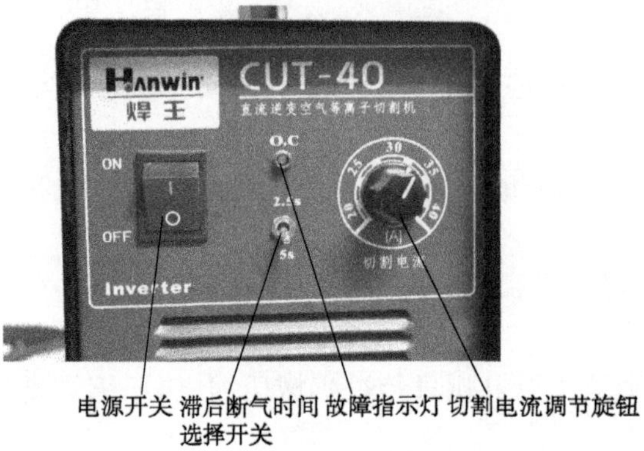

图 4-7　等离子切割机控制面板

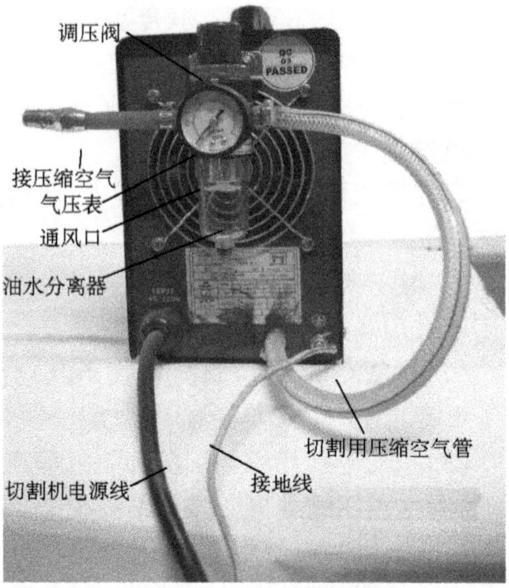

图 4-8　等离子切割机背面结构

(1)电源。等离子弧切割机一般采用三相 380V、50Hz 交流电,机身必须接地。

(2)割炬。割炬构成如图 4-9 所示,一般 60A 以下割炬多采用风冷结构,60A 以上割炬多采用水冷结构,汽车钣金维修中一般采用 60A 以下割炬。常用的等离子切割机最大可切割 15mm 厚的钢板。

(3)气体。空气等离子弧切割一般要配用大于 1.5kW 的空气压缩机(流量应不小于 300L/min,压力不小于 0.8MPa),工作气压一般为 0.3 ~0.5MPa。

汽车钣金维修中常用割炬的结构如图 4-9 所示,一般由保护罩、喷嘴、绝缘套、电极、气体分配器、切割开关和枪体等组成,割炬中的电极可采用纯钨、钍钨、铈钨棒,也可采用镶嵌式电极。空气等离子弧切割时,采用镶嵌式锆或铪电极。

电极如图 4-10 所示,它是整个空气等离子切割系统中最容易消耗的零件,它有使用寿命的限制,当其中间的电极材料消耗掉了 2.5 ~3.0mm 的时候一定要及时更换,否则可能烧毁喷嘴,甚至是割炬。喷嘴(图 4-11)也是整个系统中非常容易烧损的零件,如果使用不当或使用时间达到设计寿命,均可能引起喷嘴中间的小孔变形或变大,这时一定要及时更换,否则将影响切割能力、切割质量或切割速度。

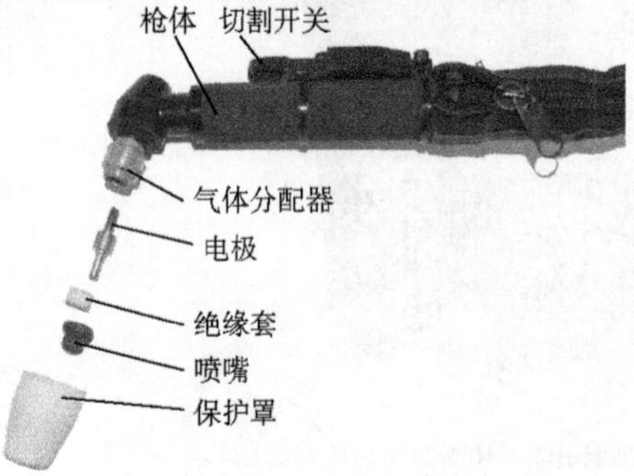

图 4-9　等离子切割机割炬结构

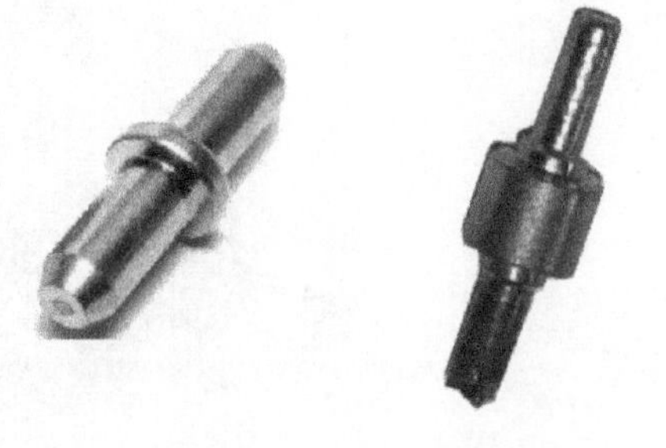

a)良好电极　　b)烧损电极

图 4-10　等离子切割机用电极

a)完好喷嘴 b)中心孔变形喷嘴 c)中心孔变大喷嘴

图4-11 等离子切割机用喷嘴

6)等离子弧切割工艺

(1)切割工艺参数的选择。

①离子气体流量。增大气体流量,可使等离子弧的能量更加集中,从而提高等离子弧的功率,有利于提高切割速度和切割质量。但若气体流量过大,由于冷却气流把电弧的热量带走过多,切割能力反而下降,切割质量也会变坏,气体流量对切割质量的影响见表4-1。

气体流量对切割质量的影响 表4-1

切割电流(A)	切割电压(V)	气体流量(L/h)	切口宽度(mm)	切口表面质量
240	84	2050	12.5	渣多
225	88	2200	8.5	有渣
225	88	2600	8.0	轻渣
230	90	2700	6.5	无渣
235	82	3300	10	有渣
230	84	3500		未切透

对于汽车钣金维修中的小型等离子切割机,并没有调节流量的旋钮,调好气体压力即可。

②切割电流和切割电压。切割电流及电压决定了等离子弧功率及能量的大小。等离子弧功率提高,切割速度及可切割厚度相应增加。但单纯增加切割电流,则弧柱变粗,切口变宽,喷嘴烧损也要加剧。所以,在切割厚板时,在增加电流的同时,还要适当增加气体流量。

③切割速度。提高切割速度,切口区受热减少,切口变窄,热影响缩小。但切割速度若过快,不能切透工件;若切割速度过慢,不仅生产效率降低,还造成切口表面粗糙,同时在切口底部形成"熔瘤",给清理造成困难。在保证切透且切口下沿无挂渣的前提下,应尽可能选用快的切割速度。

④喷嘴高度。加大喷嘴与工件的距离,等离子弧向空间散失的能量会增加,用于切割工件的有效热量相应减小,使切割生产效率降低,切割质量变坏,喷嘴与工件的距离一般不大于10mm。

(2)切割建议。

①常用结构材料用空气等离子弧切割,不考虑用其他气体。

②对于确定厚度的板材,切割电流越大,则切割速度越快。高切割速度使切口变窄、热影响区减小。应尽可能选择大的切割速度。

③切割大厚度工件时,提高切割电压更为有效。

7)空气等离子切割注意事项

为保证人员、设备及设施安全,在进行等离子切割时应注意以下几点:

(1)切忌使火花飞溅到可燃物上而引发火灾,或从切割机通风口进入切割机内部。

(2)电气连接操作必须在关闭配电盘开关后进行;更换电极和喷嘴时,务必在电源断电后进行。

(3)未进行切割工件时,不能频繁按动割炬上的切割开关,这样会损坏起弧器。

(4)引弧困难时,可将气压稍调低一些。

(5)在整个切割过程中,割炬在垂直于切口方向上应与切口保持垂直,否则切口发生偏向,切口不光洁,在切口底面造成熔瘤,切口两边热影响区域不同,如图4-12所示。在切口平面内应向切割方向倾斜一个角度(0°~30°),当切割厚板、采用大功率时,后倾角应大些;切割薄板、采用小功率时,后倾角应小一些。如果在切割较厚的材料时,等离子割炬与工件保持垂直,金属熔液将很容易被射回到喷嘴上。这时熔化的金属将集中到喷嘴上,会堵塞或烧毁喷嘴。

(6)切割时不能超速移动,以避免工件未切透引起熔渣及电弧反射,如图4-13所示。当然也不能过慢,这样会使工件热影响区加大,如图4-14所示,导致板件强度下降和切口宽而不齐。更慢时,往往会因工件已经切透,把电弧拉得过长而熄灭,使切割过程中断。在保证切透且切口背面平齐的前提下,割炬移动速度应尽量快一些。

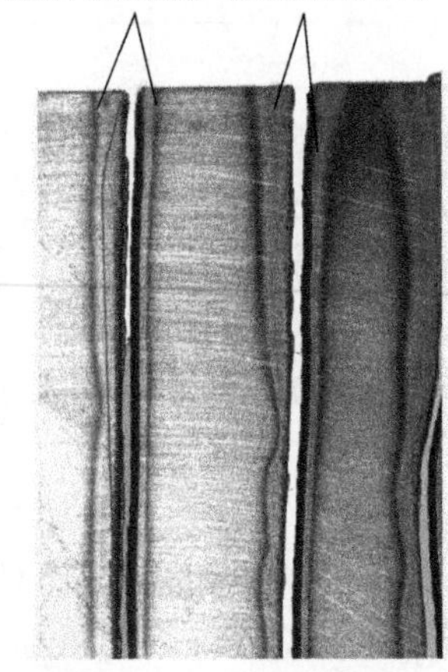

图4-12 割炬不垂直的后果

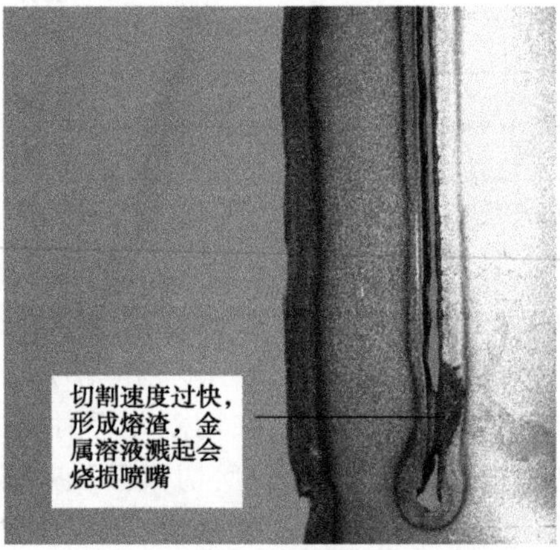

图4-13 切割速度过快的后果

(7)切割时经常注意电极和喷嘴的使用情况,切忌电极里的铪丝用完后喷铜,从而造成电极和导电嘴短路而烧坏割炬。每只电极里的铪丝约3mm长。正常情况下,每只电极可连续使用约1h。喷嘴孔径增大后,切割质量将严重下降,应立即更换喷嘴。好坏电极和喷嘴的比较如图4-10和图4-11所示。

(8)若发现切缝偏斜严重,应检查喷嘴口是否已翻口偏斜。若是,应立即更换喷嘴与电极。

(9)板件表面粗糙、脏污、割炬移动不均匀,切口质量将严重下降。

(10)切割较厚的钢板时,最好从材料的边缘处开始切割。等到工件边缘切穿后再移动割炬。如果被切工件不允许这样做时,可先在被切工件上钻一个小孔,作为切割的起切点,以避免在等离子弧的强大吹力下熔渣向四周飞溅。在严重的飞溅情况下,熔渣会堵塞喷嘴,或堆积在喷嘴上与工件形成“双弧”(如图4-15),会使喷嘴烧坏。工件厚度不大时,也可不预先钻孔,切割时将割炬在切缝平面内后倾斜一个角度,或将割件放在倾斜的位置,使熔渣容易排开,直至切割时再恢复正常的切割姿势和位置。

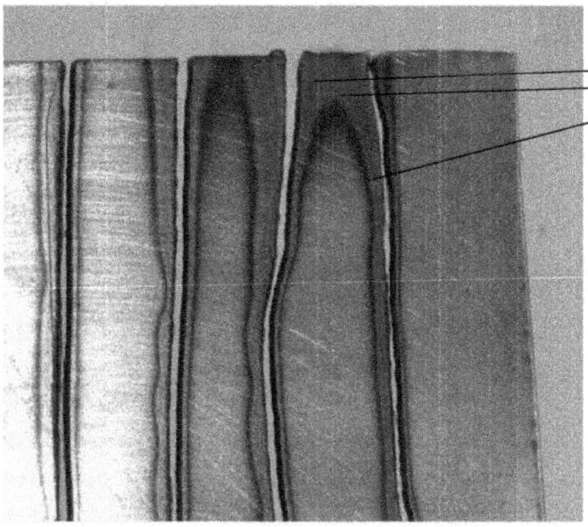

图4-14 切割速度过慢的后果

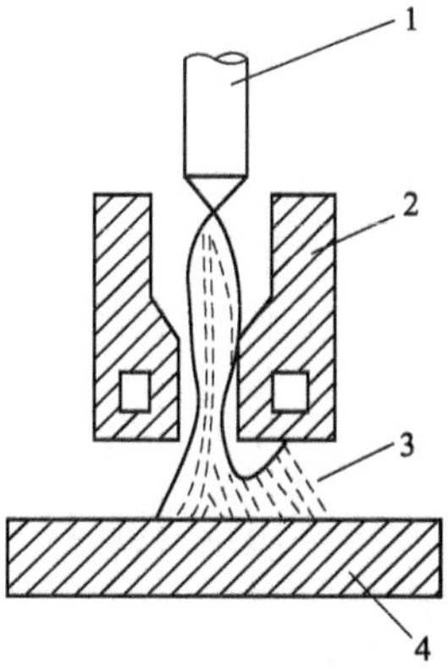

图4-15 等离子弧切割时的双弧
1-钨极;2-喷嘴;3-双弧;4-工件

(11)切割前,应把切割工件表面的起切点清理干净,使之导电良好。修理锈蚀的部位时,可将新的金属材料放在锈蚀部位的上面,然后切割补上去的金属,同时也将生锈的部分切除掉。

(12)切割结束时,应先松开按钮,稍停片刻再提起枪,这样一是保护电极和喷嘴,二是能减小钢板热影响区域。等离子切割机上设计了断气滞后调整旋钮,合理的滞后时间将会保护割炬,并能提高生产效率。

(13)要保证切割用气体的干燥,最好加装冷干机,同时要经常检查清洁切割机后部的油水分离器。

8)等离子切割常见故障及排除

切割质量的好坏离不开等离子切割机电弧的稳定性,换句话说等离子切割机电弧的稳定性直接影响着切割质量。等离子电弧不稳定,会导致切口参差不齐、积瘤等缺陷,也会导致控制系统的相关元件寿命降低,喷嘴、电极频繁更换。

(1)气压过低。

等离子切割机工作时,如工作气压远远低于说明书所要求的气压,这意味着等离子弧的喷出速度减弱,输入空气流量小于规定值,此时不能形成高能量、高速度的等离子弧,从而造成切口质量差、切不透、切口积瘤的现象。气压不足的原因有:空压机输入空气不足,切割机空气调节阀调压过低,电磁阀内有油污,气路不通畅等。

解决方法是,使用前注意观察空压机输出压力显示,如不符合要求,可调整压力或检修空压机。如输入气压已达要求,应检查空气过滤减压阀的调节是否正确,表压显示能否满足切割要求。否则应对空气过滤减压阀进行日常维护保养,确保输入空气干燥、无油污。如果输入空气质量差,会造成电磁阀内产生油污,阀芯开启困难,阀口不能完全打开。另外,割炬喷嘴气压过低,还需更换电磁阀;气路截面变小也会造成气压过低,可按使用说明书要求更换气管。

(2)气压过高。

若输入空气压力远远超过0.45MPa,则在形成等离子弧后,过大的气流会吹散集中的弧柱,使弧柱能量分散,减弱了等离子弧的切割强度。造成气压过高的原因有:输入空气调节不当、空气过滤减压阀调节过高或者是空气过滤减压阀失效。

解决方法是,检查空压机压力是否调整合适,空压机和空气过滤减压阀的压力是否失调。开机后,如旋转空气过滤减压阀调节开关,表压无变化,说明空气过滤减压阀失灵,需更换。

(3)割炬喷嘴和电极烧损。

因喷嘴安装不当,如螺纹未拧紧,设备各挡位调整不当,需用水冷却的割炬(大功率等离子切割机)在工作时,未按要求通入流动的冷却水以及频繁起弧,都会造成喷嘴过早损坏。

解决方法是,按照切割工件的技术要求,正确调整设备各挡位,检查割炬喷嘴是否安装牢固,需通冷却水的喷嘴应提前使冷却水循环起来。切割时,根据工件的厚度调整割炬与工件之间的距离。

(4)输入交流电压过低。

等离子切割机的使用现场有大型用电设施,切割机内部主回路元件故障等,会使输入交流电压过低。

解决方法是,检查等离子切割机所接入电网是否有足够的承载能力,电源线规格是否符合要求。等离子切割机安装地点,应远离大型用电设备和经常有电气干扰的地方。使用过程中,要定期清理切割机内灰尘和元件上的污垢,检查电线是否有老化现象等。

(5)地线与工件接触不良。

接地是切割前一项必不可少的准备工作。未使用专用的接地工具,工件表面有绝缘物及长期使用老化严重的地线等,都会使地线与工件接触不良。

应使用专门的接地工具,并检查是否有绝缘物影响地线与工件表面接触,避免使用老化的接地线。

(6)火花发生器不能自动断弧。

等离子切割机工作时,首先要引燃等离子弧,由高频振荡器激发电极与喷嘴内壁之间的气体,产生高频放电,使气体局部电离而形成小弧,这一小弧受压缩空气的作用,从喷嘴喷出以引燃等离子弧,这是火花发生器主要的任务。正常情况下,火花发生器的工作时间只有0.5~1s,不能自动断弧的原因一般是控制线路板元件失调,火花发生器的放电电极间隙不合适。

应经常检查火花发生器放电极,使其表面保持平整,适时调整火花发生器的放电电极间隙(0.8~1.2mm),必要时更换控制板。

(7)其他。

除以上原因外,切割速度过慢,切割时割炬与工件的垂直度,以及操作者对等离子切割机的熟悉程度,操作水平等,都影响等离子弧的稳定性。

2. 气动锯切割

现在事故车在板(构)件切除时,常见的另外一种方法是锯割。

1)车身锯割的特点

使用车身锯切割,可避免割炬切割时的车身其他部位的变形,可完全按照事先在车身零部件上画出的切割线切割,误差很小,甚至没有。可以节约钣金工的整形工作量。可保持车身零部件在切割后,切割区域的金属材质没有发生变化(无热影响区域),并且切割区域的防腐层也没有受到破坏。这样可以大大提高修车质量。

2)车身切割锯的分类

车身锯分气动和电动二种动力源的形式。

(1)气动车身锯。气动车身锯如图4-16 所示,其所配锯条如图4-17 所示,是以空气压缩机的压缩空气为动力,推动锯条高速往复运动(约 8000 次/min),锯程一般为 10mm 左右。由于锯条选材优化及加工时公差微小,因此确保了稳定的效率及理想的工具寿命。

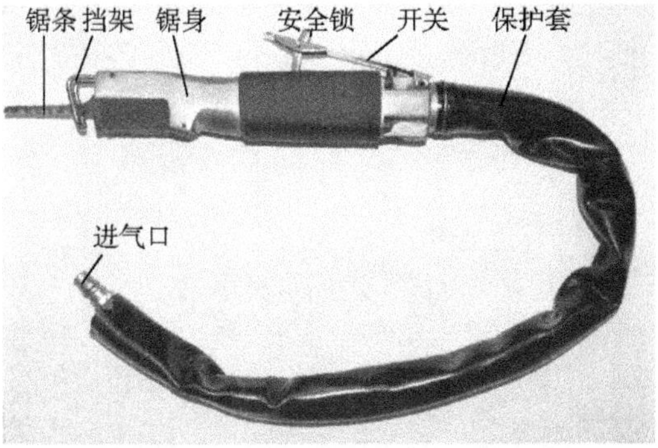

图4-16 常见气动切割锯结构

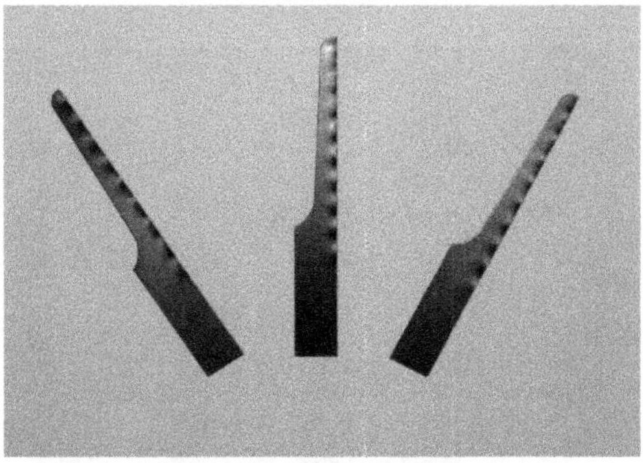

图4-17 常见气动锯用锯条

(2)电动车身锯。电动车身锯是通过锯身内部的小电动机带动小齿轮,使锯条作往复运动。它的加工性能也是非常好的。

(3)电动车身锯与气动车身锯相比,有以下区别:

①电动车身锯因携带小电动机,故该锯质量比气动车身锯大许多,钣金工在操作时容易疲劳;

②电动车身锯体积较大,在切割小圆弧时,没有气动车身锯灵活;

③电动车身锯可以不受场地限制,只要有 220V 电源插座就能工作,而气动车身锯则必须要具备空压机的场所才能工作;

④电动车身锯较气动车身锯的内部结构复杂,维修困难。

所以,在汽车钣金维修中,一般都使用气动切割锯来切割板件。

3)切割锯条的分类及应用

切割锯条一般是按齿数来分,汽车钣金维修中常用 32 齿和 24 齿。

气动切割锯的具体用途如下:

(1)32 齿锯片:切割 1 mm 左右的钢板。

(2)24 齿锯片:切割多层的钢板,厚度在 4mm 以下。

(3)18 齿锯片:曲线切割较软的材质,例如安装喇叭音响时使用。

(4)14 齿锯片:用在锯切木材、铝或塑料等较软的材料。

(5)锉刀组:用来整材料边缘或扩孔等。

图 4-18 所示为气动锯在车身维修中的几种常见用途及特点。

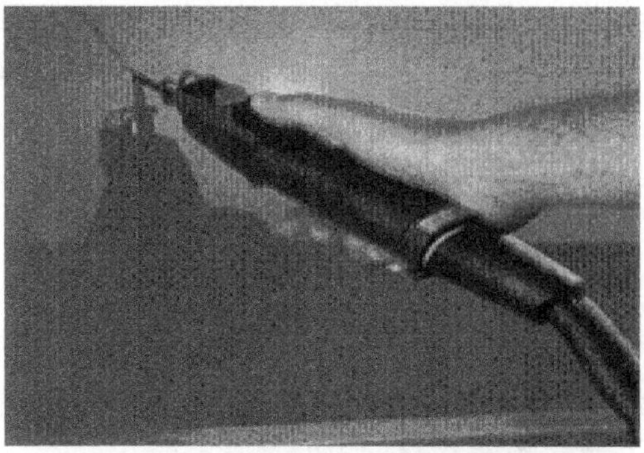

a)快速稳定的作业

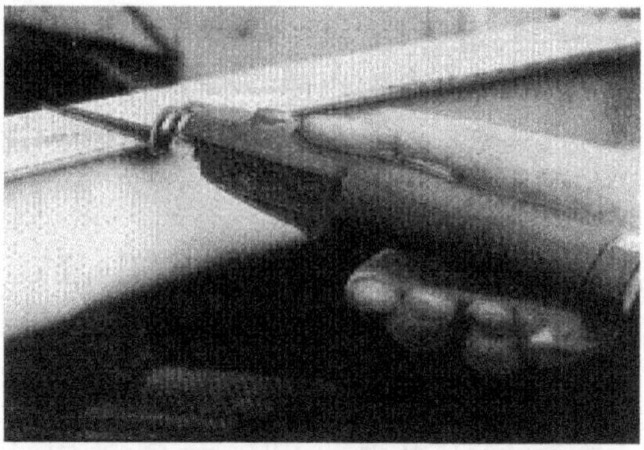

b)多层钢板切割

c)锯片上有安全卡点，不易脱落

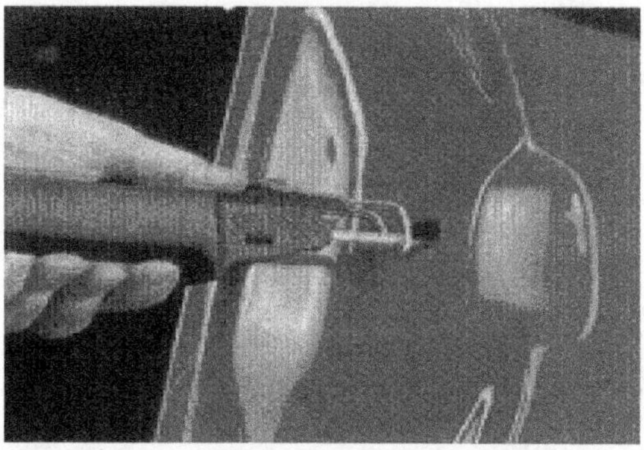

d)可安装锉刀扩孔

图 4-18　气动车身锯用途及特点

4)锯条的更换

使用到一定时间后,切割锯的锯条会变钝,有时不正确的使用,会使锯条断齿、变形或折断。所以,工作中经常会遇到更换锯条。

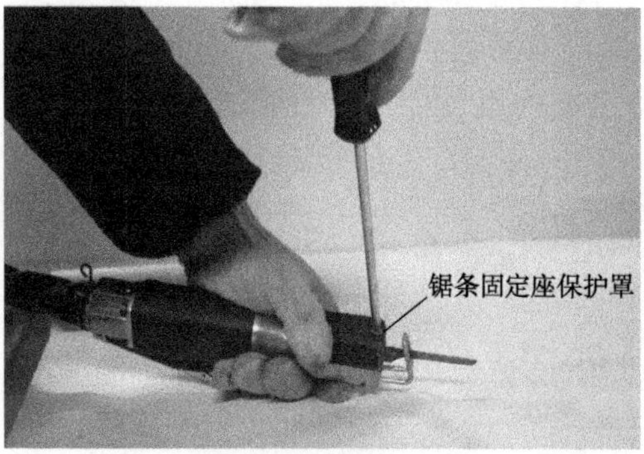

图 4-19　更换锯条步骤 1

更换锯条时,首先松开锯条固定座(夹头)盖板压紧螺钉,如图 4-19 所示,然后松开锯条压紧螺钉,取出旧锯条,按相同方向装上新锯条,用专用扳手拧紧锯条压紧螺钉,如图 4-20 所示。注意左右两个压紧螺钉均要拧紧,否则,锯条可能松脱。

5)气动锯的维护

正确的维护,可以延长锯条和锯的寿命。使用中应注意以下几点:

(1)经常排除气源部分油水分离器中的积水,保证压缩空气干净、干燥。

(2)经常检查气压和供气量是否足够。气动锯的工作气压一般为 0.5 ~0.6MPa,耗气量一般为 170L/min。

(3)每天使用前在进气口处加注 3 ~4 滴专用润滑油,或者直接在进气口处安装油雾器,以保证自动润滑。

6)气动锯切割注意事项

(1)两手要成前后状态,握牢锯身,如图4-21所示。图4-22为错误握锯方法。

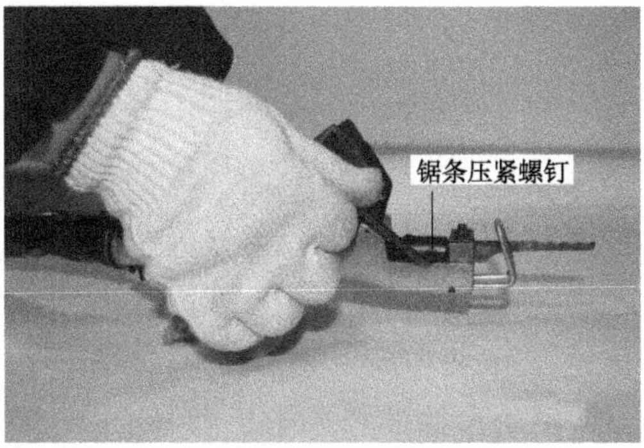

图4-20　更换锯条步骤2

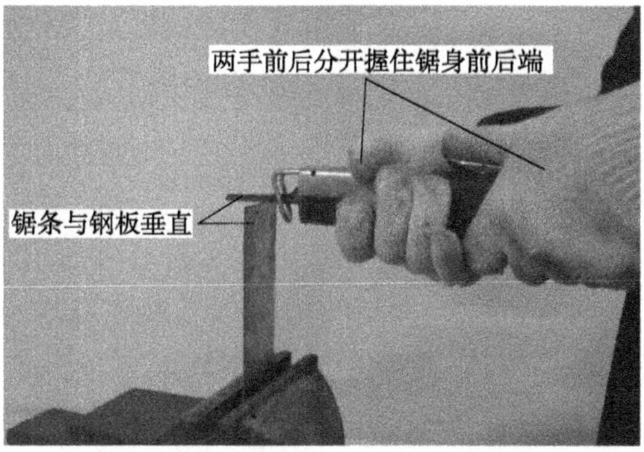

图4-21　气动锯正确握锯起锯方法

(2)开始切割时要使锯条与钢板垂直,切口形成后迅速调整角度,约为70°~80°(使挡架轻贴钢板即可),这样可使切割更加平稳,且锯齿不易折断。常见错误起锯操作如图4-23所示,这样极易折断锯齿。

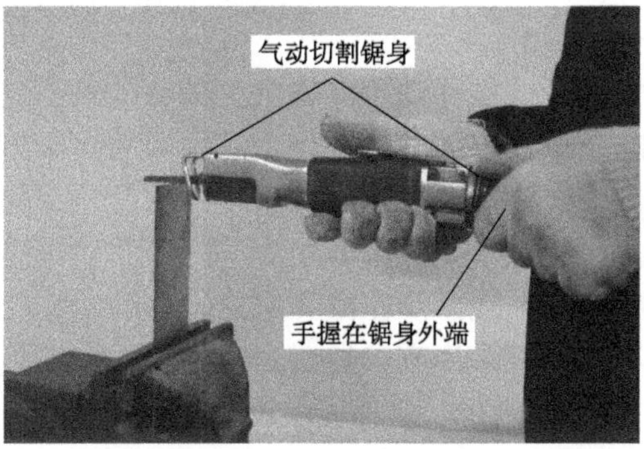

图4-22　气动锯错误握锯方法

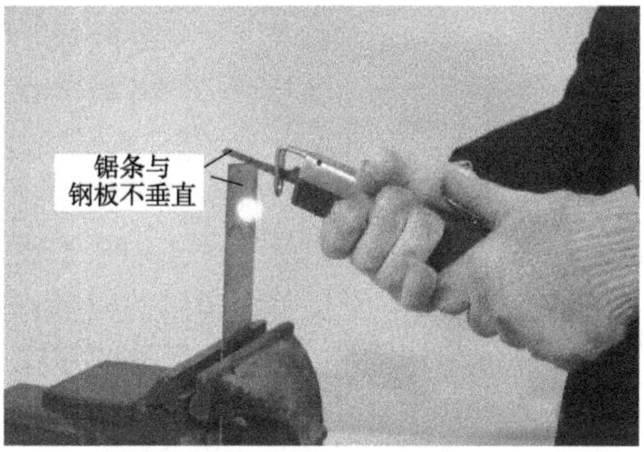

图4-23　气动锯错误起锯方法

(3)开始切割时,要先按下切割锯开关,再轻轻接触钢板,否则很难形成合格的切口。

(4)切割时,两手适当握紧锯身,不能左右摇摆或拧动锯身,否则容易使锯条变形或折断,且不易锯直。

(5)开始切割时力度要小,切口形成后要保持合适的力度。压力过大,会使锯条过热变形甚至折断,压力过小,则切割效率太低。

(6)若在板件中间开始切割,则先要钻孔(板件挖补时需要)。

(7)切割时应使被切割件相对固定,否则,被切割件的抖动会使锯条两边受力不均,导致锯条折断。

(8)更换锯条时一定要拧紧紧固螺钉,否则锯条会因运动惯性而脱落,可能伤人。

(9)在用切割锯拆解事故车身时,要在工件上施加一个使锯缝张开的力,否则,在切割过程中极易夹住锯条,从而导致锯条变形或断裂。

(10)锯割时,锯条运动方向上不能站人,以防万一锯条脱落或断裂而飞出伤人。

二、任 务 实 施

1. 空气等离子切割

1)施工程序

在任务实施过程中,首先要正确掌握空气等离子弧切割的施工程序,如图 4-24 所示。

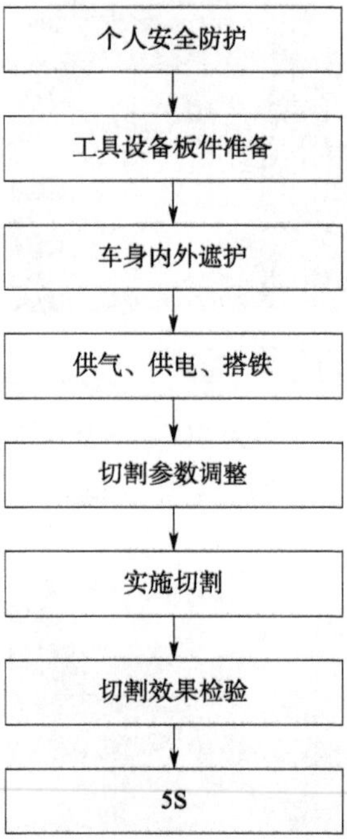

图 4-24　空气等离子弧切割的施工程序

2)切割前的准备

(1)操作安全防护。

等离子弧切割过程中会产生噪声、烟尘、弧光及金属蒸气等公害,对环境造成污染,在大电流切割或切割有色金属时情况尤为严重。

①等离子弧焊接和切割用电源的空载电压较高,一般可达250V(直流),有电击的危险。电源在使用时必须可靠接地,割炬枪体与手触摸部分必须可靠绝缘。为了保护皮肤的裸露部位,应戴皮手套,穿安全鞋。

②等离子弧较其他电弧的光辐射强度更大,准备好带遮光滤光片的保护面具。尤其是紫外线强度,除罩黑色目镜外,最好加上吸收紫外线的专门镜片。

③等离子弧焊接和切割过程伴随有大量气化的金属蒸气、臭氧、氮化物等有毒气体,应有良好的抽风系统或通风设备,采取换气措施。操作时必须佩带焊接口罩。

④等离子弧会产生高强度、高频率噪声,尤其采用大功率等离子弧切割时,其噪声更大,因此必须佩戴耳塞。

⑤等离子弧焊接和切割都采用高频振荡器引弧,应注意高频电磁场的生理伤害。

⑥心脏存在问题者不宜操作。

⑦等离子切割时飞溅很远,所以穿戴焊接围裙,并用帆布遮盖好车辆的其他部位,同时现场要配灭火器。另外要注意不能切割可能引起爆炸或燃烧的金属材料或容器。

(2)设备材料。

进行等离子切割实操练习时,需准备好空气等离子切割机、压缩空气气源、普通钢板及废车门(垫在待切钢板下,以防损坏工作台)。

(3)操作准备。

①熟悉空气等离子弧切割机前后面板的结构特征,检查外接电源准确无误。将切割机后面板的电源输入线接入电压为 AC380V、频率为 50Hz(或 60Hz)的三相交流电源(图 4-25),某些空气等离子切割机要求电源为 AC220V,一定要确认。为确保接线正确,一般设备制造商都会在接线端做好标记,

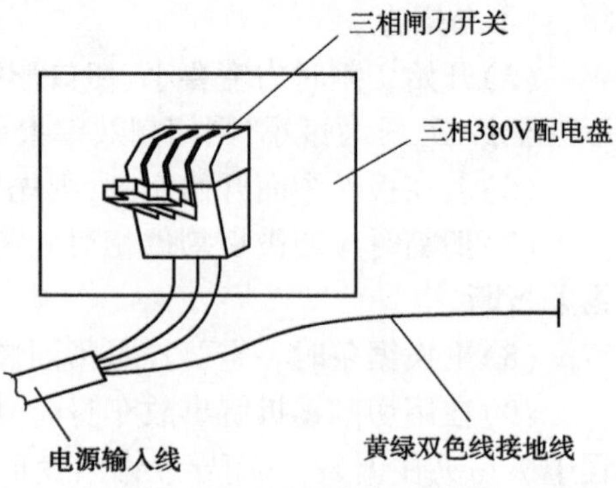

图 4-25　电源输入线的安装

如将地线专门挂上标牌,将火线扎在一起,如图4-26所示。同时,会在设备背面给出警示,如图4-27所示。

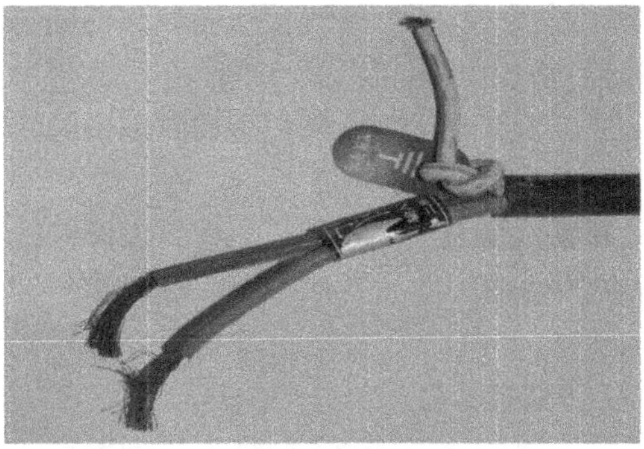

图4-26 设备接线端标记

图4-27 设备接线警示

②将地线夹连接到切割工件清洁表面上夹好并检查,连接处应尽量靠近切割部位。将割炬连接到切割机上。

③接通气源,将压缩空气气管一端接到切割机后面板"气体入口"处,并用卡箍拧紧,另一端和清洁、干燥的压缩空气气源连接好,并排放积水。

④检查电源开关,应在断开位置。

⑤闭合电网供电总开关,打开切割机电源开关,此时风扇开始工作,注意检查风向,风应该朝里吹,否则因主变压器得不到通风冷却,会缩短工作时间。

⑥启动空气压缩机,待压力足够后,调节切割机后面的空气过滤减压阀旋钮至所需气压。气压和切割电流的配比关系及电流参考材料厚度的选择,见表4-2和表4-3。将电源开关扳到"通"位,电源指示灯亮。此时应有压缩空气从割炬中流出。注意过滤减压阀压力表指针是否在0.2~0.4MPa位置,压力指示灯亮,表明气压正常。若压力不符,注意切割气压的调整:压力太低,将无力吹走熔化金属、影响切割厚度,且电极喷嘴冷却不好而容易烧损喷嘴;压力太高,又会使割口温度下降太多,影响割缝金属的熔化性和流动性,从而影响切割厚度。应在气体流动的情况下,调节过滤减压阀压力表上部的旋钮,顺时针转动为增加压力,反之则降低。

气压和切割电流的配比关系 表4-2

电流(A)	30~35	35~40	40~50	50~60
气压(MPa)	0.2	0.3	0.4	0.5

空气等离子弧切割常用材料厚度参考值(单位:mm) 表4-3

电流(A)	不锈钢与低碳钢	铝及铝合金	黄铜
30	5	3	3
40	6	4	3
45	10	6	4
60	15	10	6
100	20	16	8

⑦让气体流通数分钟,以除去割炬中的冷凝水。

3)空气等离子弧切割施工

(1)接通控制电源开关后,按动割炬开关,气阀首先导通,压缩空气通过空气过滤减压阀和气阀后,从割炬的喷嘴流出,使等离子割炬喷嘴与工件表面垂直。约0.5s后,交流接触器吸合,割炬的电极(负极)和工件(正极)之间就建立了适合于等离子弧切割的直流电源。接触式割炬与工件接触即可切割。

(2)将手把按钮按下并保持主电路接通,同时高频引弧器开始工作,产生引弧所需的高频高压,引弧时间0.5~1s,直至切割电弧形成,高频振荡器即停止工作。当切割喷嘴与工件保持接触时,施加在等离子割炬上的向下的力(如果有)非常小。只需要将它轻轻地压到工件表面上,此后可依靠割炬的移动来进行切割,同时切割指示灯亮。

(3)等离子弧引弧成功后,割炬喷嘴中喷出高温高速的等离子弧束,将工件局部迅速熔化,并同时用高速气流将熔化的金属吹走,而形成狭窄切口。切割最好从工件边缘开始,板材厚度不大时,也可在工件任何一点开始切割。在工件中间开口时,割炬应略向运枪方向倾斜,以便吹除熔化金属,割穿板件。

(4)切割时,必须等割穿金属后割炬才能均匀移动,移动速度由金属材料的厚度决定。切割过程中,切割移动速度保证割穿工件且切口下沿无挂渣就行。材料越厚,运行速度应越低。对于较薄的材料,应加快运行速度,过快或过慢将影响切割质量。速度过快不但割不透工件,反而会引起融化金属倒吹,黏附喷嘴口扰乱焰流,烧坏喷嘴;过慢则会导致喷嘴升温过高,降低喷嘴使用寿命,且割缝变宽,余渣增多,并可能会造成断弧。

(5)切割过程中,因割炬离开工件超过2mm而熄弧,则需重新起弧。因连续工作时间太长造成主变压器温度超过110℃时,热控保护开关会将设备自动关闭。应待变压器冷却后重新启动。

(6)进行长距离直线切割时,使用一个金属靠尺会更加方便。只需将靠尺压到工件上需要切割的地方。对于形状复杂的切割,可用薄木板做一个样板,让喷嘴沿着样板进行切割。

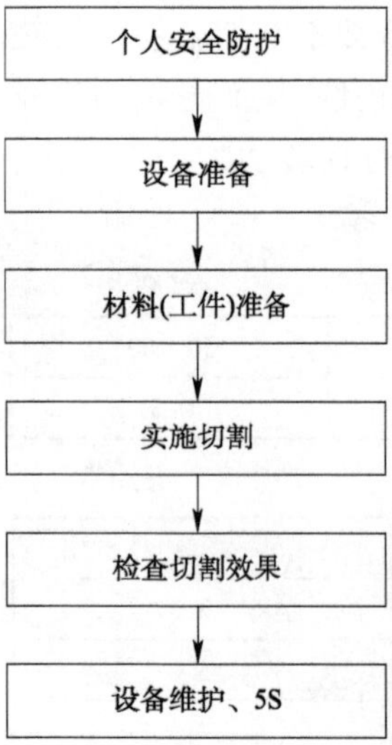

图4-28　气动锯切割的施工程序

(7)切割结束后,压缩空气延迟一段时间后自动停止,然后切断电源开关和气源阀。

2. 气动锯切割

1)施工程序

在任务实施前,首先要正确掌握气动锯切割的施工程序,如图4-28所示。

2)切割前的准备

(1)安全防护。

气动锯切割时会产生非常大的噪声,因此,首先必须佩戴完好的耳塞,其次要佩戴护目镜,以防铁屑伤人,然后注意皮手套、工作鞋等齐全有效。

(2)设备准备。

要检查工作气压是否在5~6bar,切割锯是否已经润滑,锯条是否为32齿，锯条运动是否自如。

(3)工件准备。

要在待切割工件(钢板或报废翼子板)上画出线条，然后将工件固定牢固。

3)实施切割

练习切割时，先用薄钢板(1mm)，待熟练掌握切割技巧后，再用车身板件练习。用薄钢板练习时，要将其可靠固定在台虎钳上，用车身板件练习时，要由另一同学帮忙扶好。

三、技 能 考 核

1. 作业内容

(1)学生用等离子切割机沿钢板上所划直线进行切割。

(2)学生用气动切割锯沿钢板上所划直线进行切割。

2. 作业要求

1)等离子切割

考核时，每人准备一块100mm×100mm×1mm的钢板，在其上划出5条长度为80mm、间隔为10~20mm的直线(切割线)，如图4-29所示，要求学生沿所画直线切割。

2)气动锯切割

考核时，学生首先按规范完成气动切割锯锯条的更换，然后将钢板夹紧在台虎钳上，沿所画直线将钢板切断，每人切一条。钢板规格为200mm×100mm×1mm，切割线间隔为20mm，如图4-30所示，每块钢板可考核5名学生。

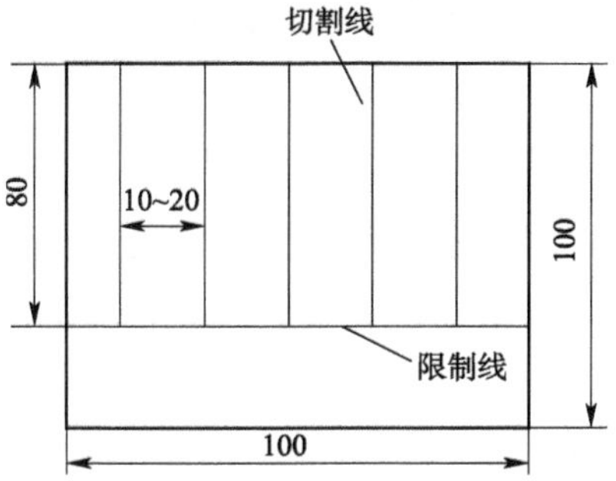

图4-29　等离子切割考核示意图

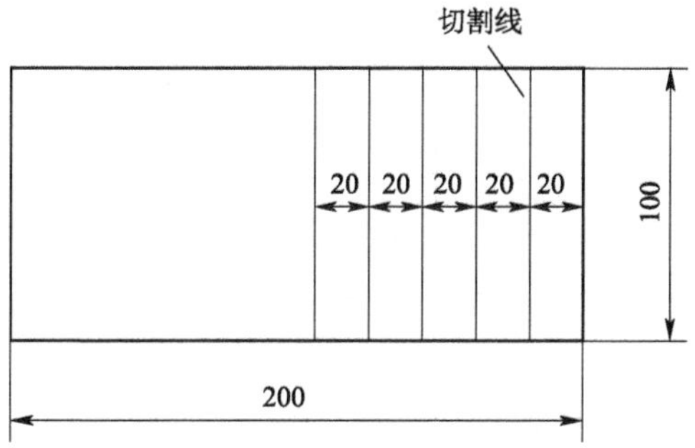

图4-30　气动切割锯考核用钢板示意图

3. 考核设备及材料

1)等离子切割

等离子切割机、钢板、划针、直尺、相关安全防护用品。

2)气动锯切割

气动锯、锯条(不同规格)、专用扳手、螺丝刀、专用润滑油、台虎钳、钢板、划针、直尺、相关安全防护用品。

4. 评分标准

1)等离子切割

空气等离子切割的评分标准见表4-4。

钢板的等离子切割技能考核表　　表4-4

序号	评分项目	配分	评判标准	得分
1	设备调试	10	一项不正确扣5分	
2	切缝直线度	40	直线度上偏差超过1mm每10mm长度扣2分	
3	切缝端部	10	相对限制线偏差每1mm扣1分	
4	热影响区域	10	切缝热影响区域超过2mm每10mm扣1分	
5	切口表面质量	10	根据切口轻渣、有渣、渣多分别扣3、6、10分	
6	个人安全防护	10	未使用或错误使用防护用品，每项扣5分	
7	5S	10	考核结束未进行清理，摆放杂乱，扣10分	
分值合计		100		

2)气动锯切割

气动锯切割的评分标准见表4-5。

钢板的气动锯切割技能考核表　　表4-5

序号	评分项目	配分	评判标准	得分
1	设备准备	5	气源、锯条准备正确到位，润滑规范，否则每项扣2分	
2	锯条更换	10	锯条更换流程正确，符合要求，否则分别扣5分	
3	锯身握法	5	两手前后尽量分开，握紧锯身，否则扣5分	
4	起锯方法	10	先按开关再切割，否则扣5分，起锯时锯条垂直钢板，否则扣5分	
5	切割过程	10	形成切口后锯条与钢板成70°~80°夹角，否则扣5~10分	
6	切割质量	30	切口与画线重合，偏差超过1mm，每10mm长度扣3分	
7	设备安全	10	锯条未变形、掉齿、折断，否则扣5~10分	
8	安全防护	10	未使用或错误使用防护用品，每项扣5分	
9	5S	10	考核结束未进行清理，摆放杂乱，扣10分	
分值合计		100		

四、评价反馈

1. 自我评价

(1)通过本学习任务的学习你是否已经掌握以下问题：

①钣金维修中什么情况下需要切割？

____

____

____

②现代车身维修中用什么设备切割板件？为什么不能用氧-乙炔焊切割？

____

____

____

③等离子切割机的基本组成、工作原理是什么?

④什么情况下需要更换割炬中的电极和喷嘴?如何更换?

⑤如何正确连接等离子切割机的供电电源?

⑥使用等离子切割机切割板件时应注意哪些问题?

⑦一般有哪些原因会造成等离子切割机不能顺利起弧?

⑧气动切割锯的锯条是如何分类的?工作中如何选择锯条?

⑨如何更换损坏的锯条?

⑩使用气动锯切割板件时应注意哪些问题?

⑪等离子切割和气动锯切割都要做好哪些安全防护?

(2)你是否已经掌握了气动切割锯和等离子切割机的正确操作技能?

(3)实训过程完成情况。

评价：______

(4)工作中的安全防护是否规范？

评价：______

(5)能否积极主动参与工作现场的清洁和整理工作？

评价：______

(6)在完成本学习任务的过程中，你是否主动帮助过其他同学？并和其他同学探讨板件切割的有关问题？具体问题是什么？结果是什么？

______

(7)通过本学习任务的完成，你认为自己在板件切割时哪些方面还有待进一步改善、提高？

______

签名：______ ______年______月______日

2. 小组评价

小组评价见表4-6 。

小 组 评 价 表4-6

序号	评价项目	评价情况
1	学习态度是否积极主动	
2	是否服从教学安排	
3	是否达到全勤	
4	着装是否符合要求	
5	是否合理规范地使用仪器和设备	
6	是否按照安全和规范的规程操作	
7	是否遵守学习、实训场地的规章制度	
8	是否积极主动地和他人合作、探讨问题	
9	是否能保持学习、实训场地整洁	
10	团结协作情况	

参与评价的同学签名：______ ______年______月______日

3. 教师评价

______

教师签名：______ ______年______月______日

学习任务5　钢板的气体保护焊焊接

学习目标

1. 知道气体保护焊的种类、特点、基本组成和工作原理；
2. 掌握 CO_2 气体保护焊的安全防护措施；
3. 会对气体保护焊的工艺参数进行选择和调整；
4. 能进行 CO_2 气体保护焊的薄板对缝焊和填孔焊。

任务描述

以普通低碳钢板的对缝焊、填孔焊为例，通过完成任务，分析气体保护焊的特点、组成、原理、工艺参数的选择与调整，在个人安全防护的前提下，能独立进行气瓶更换、焊丝更换，完成板件的对缝焊接和填孔焊接施工。

学习引导

本学习任务沿着以下脉络进行学习：

CO_2 气体保护焊基本知识→CO_2 保护焊设备的分类、结构、维护→CO_2 保护焊的安全防护→薄钢板的对缝焊接→薄钢板的填孔焊接→打磨焊疤→讨论并分析任务实施中所遇到的问题→技能考核→评价反馈。

一、相 关 知 识

焊接在汽车车身维修中是必不可少的一种工艺。传统的焊接方式主要是手工电弧焊和气焊。但在现代轿车的制造和修理作业中，传统的焊接工艺已经不能满足新的要求。例如，汽车上使用新型的合金钢、高强度钢、低合金钢的车身构件和加强筋、支架及底座等的焊接都不能用传统的电焊、气焊，而要采用气体保护焊。

1. 气体保护焊原理和特点

1）气体保护焊原理

气体保护焊也称“气电焊”，是利用气体作为保护介质的一种电弧熔焊方法。如图 5-1 所示，它直接依靠从喷嘴中送出的气流，在电弧周围造成局部的气体保护层，使电极端部、熔滴和熔池与空气机械地隔离开来，从而保证了焊接过程的稳定性，并获得高质量的焊缝。

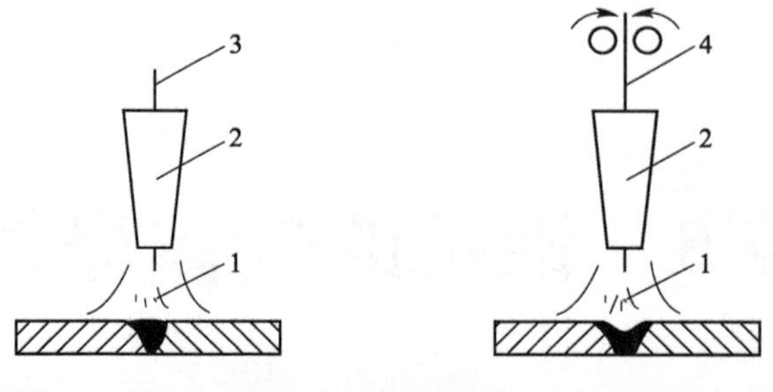

a)不熔化电极(手工)的气体保护焊　　b)熔化电极(自动)的气体保护焊属极

图 5-1　气体保护焊示意图

1-电弧;2-喷嘴;3-钨极;4-金属极

气体保护焊的常用保护气体种类有氩气(Ar_2)和二氧化碳(CO_2),此外还有氮气、氢气、氦气、水蒸气及混合气等。据此可将气体保护焊方法分为氩弧焊、二氧化碳气体保护焊、氮弧焊、氢原子焊及混合气体保护焊等。按电极形式分熔化极和非熔化极两种;按操作方法分为手工、半自动和自动气体保护焊。

2)气体保护焊特点

气体保护焊与其他焊接方法相比有以下特点:

(1)明弧焊接,便于观察,操作简便,有利于实现机械化和自动化。

(2)焊接质量高,由于电弧热量集中,热影响区小,焊缝含氢量少,抗裂性能好,不易产生气孔。

(3)不宜在野外或有风的地方施焊,而且焊接设备较复杂。

2. 二氧化碳气体保护焊

1)二氧化碳气体保护焊原理及特点

二氧化碳气体保护焊(简称 CO_2 气体保护焊)是采用 CO_2 气体作为保护介质。焊接时,CO_2 气体通过焊枪的喷嘴,沿焊丝周围喷射出来,在电弧周围形成气体保护层,机械地将焊接电弧及熔池与空气隔离开来,从而避免了有害气体的侵入,保证焊接过程的稳定,以获得优质的焊缝。其工作原理如图 5-2 所示。

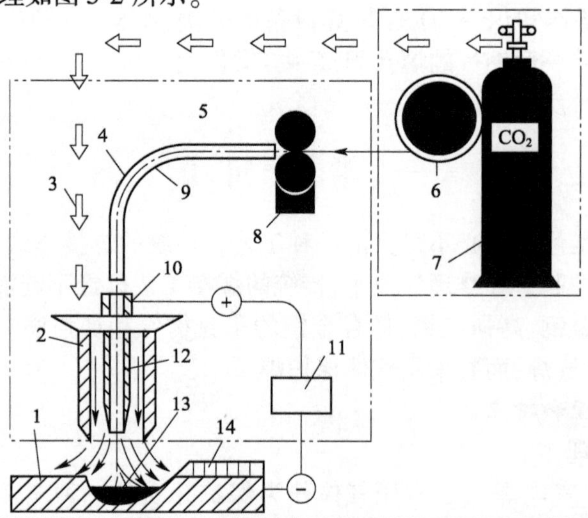

图 5-2　CO_2 气体保护焊工作原理

1-母材;2-喷嘴;3-气体;4-焊丝;5-焊接设备;6-焊丝盘;7-气瓶;8-送丝机构;9-软管;10-焊枪;11-电源;12-导电嘴;13-熔池;14-焊缝

按 CO_2 气体保护焊按焊丝直径的不同，可分为细丝 CO_2 焊（焊丝直径≤1.6mm）和粗丝 CO_2 焊（焊丝直径＞1.6mm）。由于细丝 CO_2 焊的工艺性比较成熟，因此应用最为广泛。按操作方法可分为半自动和自动焊两种，半自动 CO_2 焊具有焊条电弧焊的机动性，适用于各种焊缝的焊接；自动 CO_2 焊主要用于较长的直缝、环缝以及某些规则的曲线焊缝的焊接。

（1）CO_2 气体保护焊是20世纪50年代初期发展起来的一种焊接技术，目前已经成为一种重要的焊接方法。其主要有以下优点：

①CO_2 气体价格低，焊接成本低于其他焊接方法，约相当于埋弧焊和焊条电弧焊的40%左右。

②CO_2 气体保护焊可以采用较大的焊接电流密度，使焊丝熔化速度快；焊接时又没有焊渣，减小了清渣工作量，所以生产率高。

③CO_2 气体保护焊电弧加热集中，焊件受热面积小，加上气流的冷却作用，可减小焊接应力和变形，解决薄板的烧穿和变形问题。

④有较强的抗锈能力，焊缝含氢量低，抗裂性能好。

⑤适用范围广，既适用于薄板焊接，又适用于中、厚板以及全位置的焊接。

（2）CO_2 气体保护焊存在以下一些不足之处：

①焊接时飞溅较大，焊缝表面成型较差，焊接设备较复杂。

②防风能力差，不能在有风的场所使用。

CO_2 焊主要用于焊接低碳钢及低合金钢等黑色金属。对于不锈钢，由于焊缝金属有增碳现象，影响抗晶间腐蚀性能，所以只能用于对焊缝性能要求不高的不锈钢焊件。此外，CO_2 焊还可用于耐磨零件的堆焊、铸钢件的焊补以及电铆焊等方面。目前，CO_2 焊已在汽车制造、机车和车辆制造、化工机械、农业机械、矿山机械等部门得到广泛的应用。

2）CO_2 气体保护焊的焊接材料

（1）CO_2 气体。

在0℃和一个大气压下的 CO_2 气体密度是1.9768 g/L，为空气的1.5倍，所以焊接过程中能有效地将空气排开，保护焊接区。室温下，CO_2 为气态，且很稳定；但在高温下（5000K左右）几乎全部分解。焊接采用的 CO_2 气体常为装入钢瓶中的液态 CO_2。钢瓶中的液态和气态 CO_2 约分别占钢瓶容积的80%和20%，气瓶压力表指示的压力值，是这部分气体的饱和压力。

CO_2 气体来源广（可以是专业生产的 CO_2 气体，也可以是某些产品的副产品），价格低。但 CO_2 气体纯度应满足焊接的要求，焊接要求：$CO_2>99\%$，$O_2<0.1\%$，$H_2O<1g/m^3$。焊缝质量要求越高，对 CO_2 气体的纯度要求也越高。通常，为减少 CO_2 气体中的水分，可将气瓶倒置1～2h，然后拧开气阀2～3s将水放掉，每隔0.5h放水一次，连续放2～3次。此外，也可在焊接气路系统中串联一个干燥器或预热器。有时也在 CO_2 气体中加入20%～25%的氧气（O_2）来焊接钢材，以获得较大熔深和提高焊接速度。

（2）焊丝。

CO_2 气体保护焊焊丝既是填充金属又是电极，所以焊丝既要保证一定的化学成分和力学性能，又要保证具有良好的导电性和工艺性能。

①对焊丝的要求。

a.脱氧剂。焊丝必须含有一定数量的脱氧剂，以防止产生气孔，减少飞溅并提高焊缝金属的力学性能。用于低碳钢和低合金钢 CO_2 气体保护焊的焊丝，主要的脱氧剂是Si和Mn。

其成分含量:Si 为 0.5% ~1%、Mn 为 1% ~2.5%。Mn 与 Si 比例为:1∶1.2~2.5,发挥“Si-Mn”联合脱氧的有利作用。

b. C、S、P。焊丝的含碳量要低,要求碳(C) <0.11%,这对于避免气孔及减少飞溅是很重要的。对于一般焊丝要求硫、磷(S、P)含量均 <0.04%;对于高性能的优质 CO_2 焊丝,则要求硫、磷(S、P)含量均≤0.03%。

c. 镀铜。为防锈及提高导电性,焊丝表面最好镀铜。但镀铜焊丝的含铜量不能太大,否则会形成低熔共晶体,影响焊缝金属的抗裂能力。要求镀铜焊丝的铜(Cu)含量不大于0.5%。

②焊丝牌号和化学成分。

目前,我国 CO_2 焊用的主要焊丝品种是 H08Mn2Si 类型,牌号中带有 A 符号的为优质焊丝,其杂质 S 和 P 的含量限制得比较严格。

这类焊丝采取 Si、Mn 联合脱氧,具有很好的抗气孔能力。Si 和 Mn 元素也起合金化的作用,使焊缝金属具有较高的力学性能。此外,焊丝的 C 成分限制在 0.11% 以下,有利于减少焊接时的飞溅。

CO_2 气体保护焊用焊丝的化学成分见表 5-1。

焊丝的牌号和化学成分要求 表 5-1

焊丝牌号	化学成分(质量分数)(%)									
	C	Mn	Si	P	S	Cr	Ni	Cu	Mo	V
H08MnSi	≤0.11	1.20 ~ 1.50	0.40 ~ 0.70	≤0.035	≤0.035	≤0.20	≤0.30	≤0.20	—	—
H08Mn2Si	≤0.11	1.70 ~ 2.10	0.65 ~ 0.95	≤0.035	≤0.035	≤0.20	≤0.30	≤0.20	—	—
H08Mn2SiA	≤0.11	1.80 ~ 2.10	0.65 ~ 0.95	≤0.030	≤0.030	≤0.20	≤0.30	≤0.20	—	—
H11MnSi	0.07 ~ 0.15	1.00 ~ 1.50	0.65 ~ 0.95	≤0.025	≤0.035	—	≤0.15	—	≤0.15	≤0.05
H11Mn2SiA	0.07 ~ 0.15	1.40 ~ 1.85	0.85 ~ 1.15	≤0.025	≤0.025	—	≤0.15	—	≤0.15	≤0.05

3) CO_2 气体保护焊设备

CO_2 气体保护焊所用的设备有半自动 CO_2 气体保护焊设备和自动 CO_2 气体保护焊设备两类。在实际生产中,半自动 CO_2 气体保护焊设备使用较多,由焊接电源、送丝机构、焊枪、供气系统、冷却水循环装置及控制系统等几部分组成,如图 5-3 所示,其实物结构如图 5-4 所示。自动 CO_2 气体保护焊设备除上述组成外还备有焊车行走机构。

(1)焊接电源。

CO_2 气体保护焊一般采用直流电源且反极性连接。根据不同直径焊丝 CO_2 气体保护焊的焊接特点,一般细焊丝采用等速送丝式焊机,配合平特性电源;粗焊丝采用变速送丝式焊机,配合下降特性电源。

(2)送丝系统。

CO_2 气体保护焊送丝系统是焊机的重要组成部分。送丝系统必须维持并保证送丝均匀和平稳，结构应尽可能简单和轻巧，并且维修及使用方便。常用的送丝方式有三种：推丝式、拉丝式、推拉式，如图 5-5 所示。

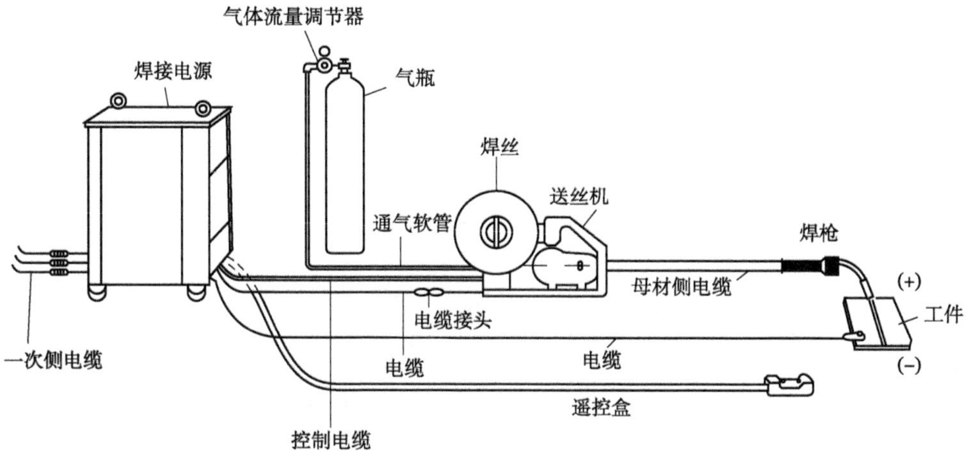

图 5-3　半自动 CO_2 气体保护焊设备组成示意图

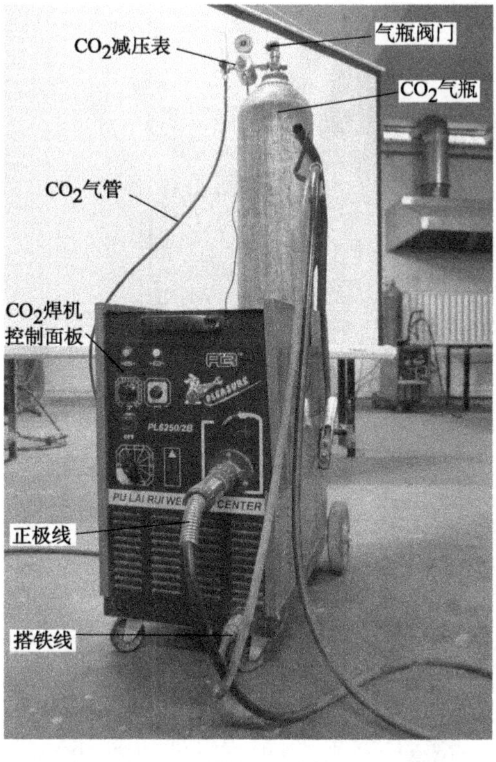

图 5-4　半自动 CO_2 气体保护焊实物结构图

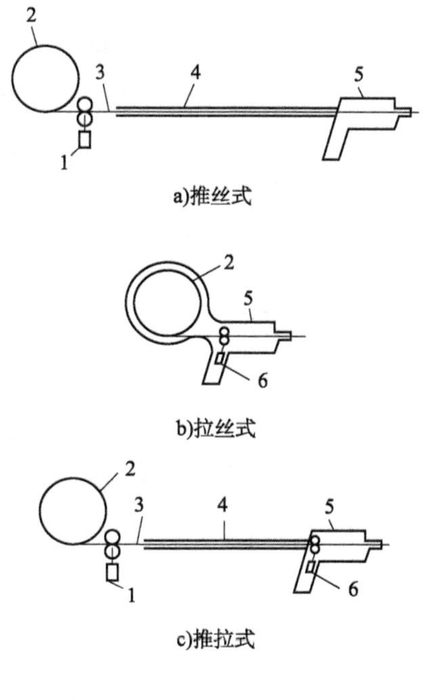

图 5-5　CO_2 气体保护焊的送丝方式示意图

1-送丝电机；2-焊丝盘；3-焊丝；4-送丝软管；5-焊枪；6-拉丝电机

①推丝式送丝系统。

由送丝滚轮将焊丝推入送丝软管，再经焊枪上的导电嘴送至电弧区。其结构简单轻巧，是目前汽车维修中应用最广泛的一种形式，但是对送丝软管的要求较高，不宜过长，且焊枪活动范围小。推丝式送丝系统常见的送丝机构原理如图 5-6 所示。

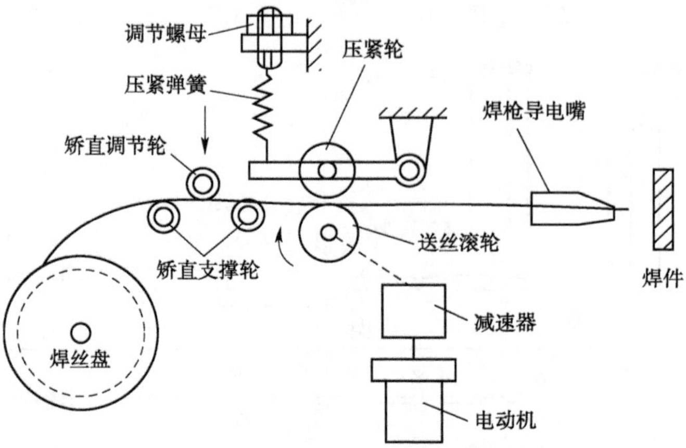

图 5-6　送丝机构原理示意图

焊丝从焊丝盘中出来，经矫直轮矫直后，由送丝轮和压紧轮的挤压产生的送丝力，使焊丝进入焊枪的导电嘴并输出，进行焊接工作。送丝的压紧力可通过调节螺母来调节。图 5-7 为送丝机构实物。

图 5-7　某 CO_2 气体保护焊机的送丝机构

②拉丝式送丝系统。

将送丝机构和焊丝盘都装在焊枪上，焊枪结构复杂，比较笨重，但焊枪活动范围大，适用于细丝焊接。

③推拉式送丝系统。

由安装在焊枪中的拉丝电机和送丝装置内的推丝电机同步运转来完成，结构复杂，送丝稳定，送丝软管可达 20～30m，焊枪活动范围大。

送丝系统由送(拉)丝电机、送丝滚轮、压紧机构、送丝软管和减速器等组成。

(3)焊枪。

焊枪起导电、导丝和导气的作用,它是焊工直接操作的工具。焊枪应结构紧凑,操作方便,连接件、易损件便于更换,并能适合各种位置的焊接。

①焊枪的种类。

焊枪按用途分为半自动焊枪和自动焊枪。

a.半自动焊枪。一般按焊丝给送的方式不同,半自动焊枪又分为推丝式和拉丝式两种。推丝式焊枪常用的形式有两种:一种是鹅颈式焊枪,如图5-8所示;另一种是手枪式焊枪,如图5-9所示。这些焊枪的主要特点是结构简单、操作灵活,但焊丝经过软管产生的阻力较大,故所用的焊丝不宜过细,多用于直径0.8mm以上焊丝的焊接。焊枪的冷却方法一般采用自冷式,水冷式焊枪不常用。

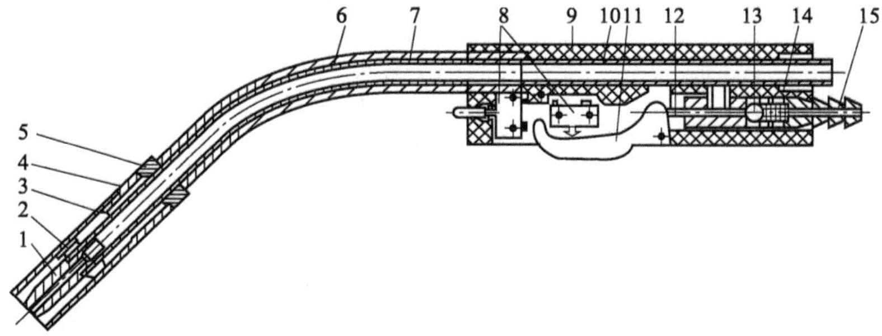

图5-8 鹅颈式焊枪

1-导电嘴;2-分流环;3-喷嘴;4-弹簧管;5-绝缘套;6-鹅颈管;7-乳胶管;8-微动开关;9-焊把;10-枪体;11-扳机;12-气门推杆;13-气门球;14-弹簧;15-气阀嘴

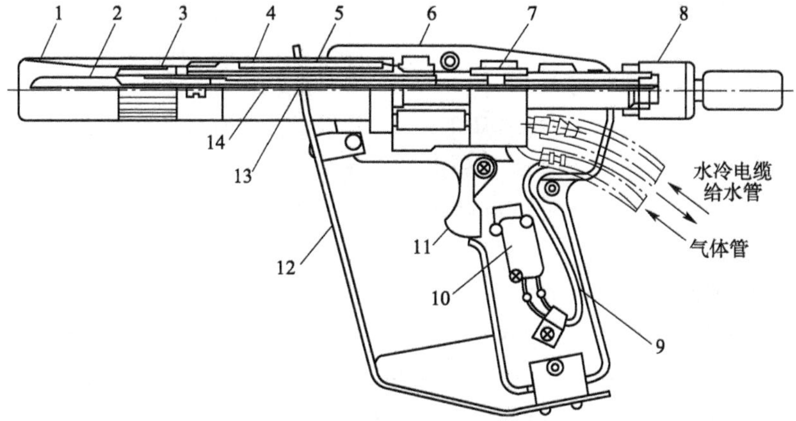

图5-9 手枪式焊枪的构造

1-焊枪;2-焊嘴;3-喷管;4-水筒装配件;5-冷却水道路;6-焊枪架;7-焊枪主体装配件;8-螺母;9-控制电缆;10-开关控制杆;11-微型开关;12-防弧盖;13-金属丝通路;14-喷嘴内管

拉丝式焊枪的结构如图5-10所示,主要有三个特点:一是一般都做成手枪式;二是送丝均匀稳定;三是引入焊枪的管线少,焊接电缆较细,尤其是其中没有送丝软管,所以管线柔软,操作灵活。但因为送丝部分(包括微电机、减速器、送丝滚轮和焊丝盘等)都安装在枪体上,所以焊枪比较笨重,结构较复杂。通常适用于直径 0.5 ~0.8mm 的细丝焊接。

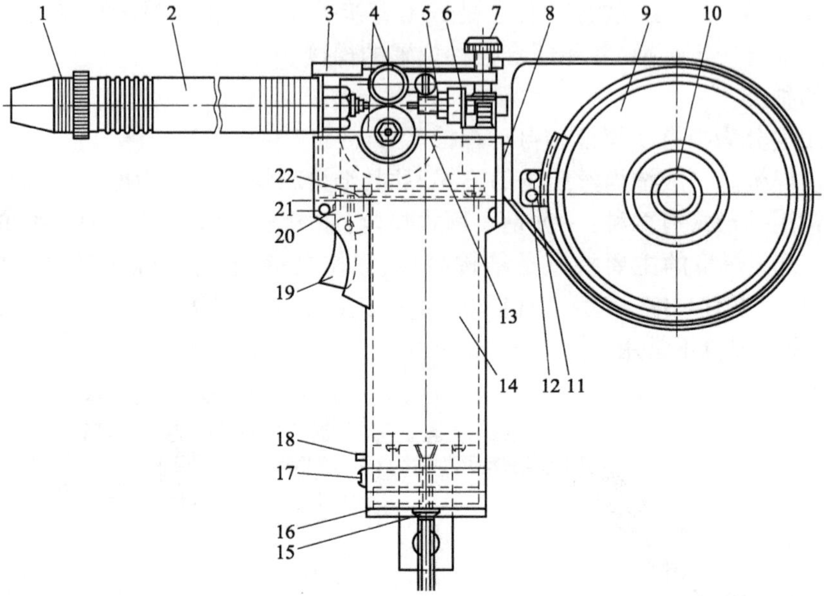

图 5-10 拉丝式焊枪

1-喷嘴;2-外套;3-绝缘外壳;4-送丝滚轮;5-螺母;6-导丝杆;7-调节螺杆;8-绝缘外壳;9-焊丝盘;10-压栓;11、15、17、21、22-螺钉;12-压片;13-减速器;14-电动机;16-底板;18-退丝按钮;19-扳机开关;20-触点

b. 自动焊枪。一般都安装在自动 CO_2 焊机(焊车或焊接操作机)上,不需要手工操作。自动 CO_2 焊机多用于大电流情况,所以枪体尺寸都比较大,以便提高气体保护和水冷效果,枪头部分与半自动焊枪类似。

②焊枪的喷嘴和导电嘴。

喷嘴和导电嘴是焊枪的主要易损件。

喷嘴一般为圆柱形,以使 CO_2 气流从喷嘴中流出时形成有一定挺度的层流,可以对焊接电弧区起到良好的保护作用。喷嘴应与导电部分绝缘以免打弧。为防止飞溅金属颗粒的黏附,喷嘴应采用导热性好、表面粗糙度好的纯铜。在实际使用中,为减少飞溅黏附在喷嘴上,还在喷嘴表面涂以硅油(焊膏)。

CO_2 气体保护焊对导电嘴的要求较高,首先要求其材料导电性能好、耐磨性能好、熔点要高,故一般采用纯铜。另外对导电嘴的孔径和长度也有严格的要求。导电嘴的孔径过小,送丝阻力会较大地影响焊接过程的稳定;孔径过大,焊丝在孔内接触位置不同定,焊丝送出导电嘴后会偏移或摆动,使焊接过程不稳定,严重时会使焊丝与导电嘴起弧而黏结烧损。孔径(D)与焊丝直径(d)的关系式如下:$d<2.0$mm 时,$D=d+0.1\sim0.3$(mm);$d=2\sim3$mm 时,$D=d+0.4\sim0.6$(mm)。

导电嘴的长度增加,导电性能变好,但送丝阻力也增加;长度太短,导电性能不好,尤其在磨损后会使焊接电弧不稳定。一般导电嘴长度应大于 25mm。

(4)供气系统。

供气系统的作用是将保存在钢瓶中呈液态的 CO_2 在需用时变成有一定流量的气态 CO_2。

供气系统包括 CO_2 储气瓶、预热器、干燥器、减压器和流量计以及电磁气阀等，如图 5-11 所示。

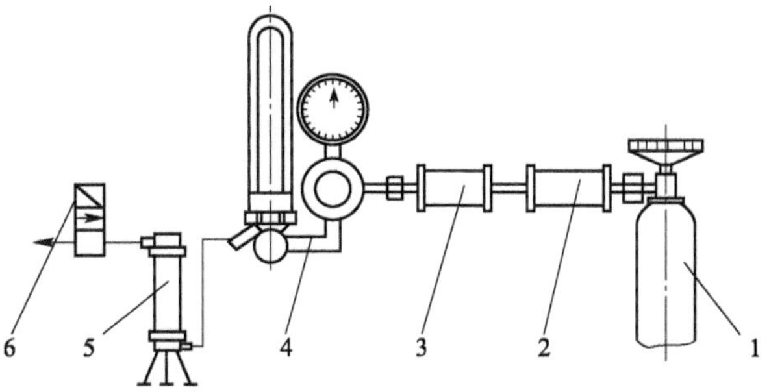

图 5-11 供气系统示意图
1-CO_2储气瓶;2-预热器;3-减压器;4-流量计;5-干燥器;6-电磁气阀

①CO_2储气瓶。

用于储存液态 CO_2，瓶外有标记，满瓶时为 5.0～7.0MPa。出于安全考虑，气瓶要按规定时间检验。需要检验的时间一般会用钢印打在瓶身上。为便于操作，气瓶总阀上都会有手轮，但实际生产中丢失手轮的现象时有发生，这时维修人员只能用扳手操纵阀门，但这极易损坏阀门，有时甚至会拧断阀门丝杆。所以，当手轮丢失时要及时维修。

②预热器。

当打开气瓶阀门时，液态 CO_2 挥发成气态，气化时要吸收大量的热量，从而使气体温度下降，为防止气体中的水分在气瓶出口处结冰，在减压前要将 CO_2 气体进行加热，即在供气系统中加入预热器。预热器一般与减压阀、保护气体流量调节器等制作成一体，如图 5-12 所示。预热器的功率为 75～150W，额定电压有 AC36V 和 AC220V 两种。在某些 CO_2 焊机上，其背面有 36V 输出插座，而有些焊机上没有。对于有 36V 输出插座的焊机，安装两种额定电压的加热器均可，对于没有 36V 输出插座的焊机，则只能安装 220V 的加热器（将加热器插在外接电源上）。使用中经常会出现装错的现象，若将 36V 的加热器插在 220V 的电源上，很快会被烧毁；若将 220V 的加热器插在 36V 的插座上，则几乎起不到加热的作用。

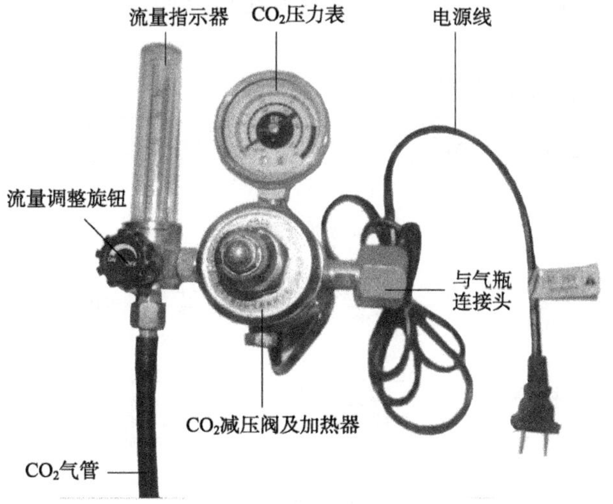

图 5-12 常见 CO_2 减压阀总成

加热器损坏后，会导致减压阀处结冰，从而堵塞 CO_2 气路，造成供气不足，最终出现焊接缺陷，使连接强度大大下降。

③干燥器。

干燥器用于吸收 CO_2 气体中的水分。干燥器有两种：一种是高压干燥器，用在减压之前；另一种是低压干燥器，用在减压之后。干燥器的选用，主要根据气瓶中 CO_2 气体的纯度和对焊接质量的要求而定，可以选一个，也可以选两个。实际中也经常有不装干燥器的现象。

④减压器和流量计。

减压器是将高压的 CO_2 气体变为低压的气体，并保持气体的压力在供气过程中稳定。流量计用于测量和控制气体的流量，常用的流量计通常与减压器制成一体。

⑤电磁气阀。

电磁气阀是用来控制 CO_2 气体的装置，它装在焊机的内部。

(5)控制系统。

控制系统的作用是对 CO_2 气体保护焊的供气、送丝和供电等系统实现控制。自动 CO_2 焊时，还要完成焊接小车行走或焊件运转等动作。

对供气系统的控制大致是三个过程：引弧时，要求提前送气约 1 ~ 2s，以排除引弧区的空气；焊接时气流要均匀可靠；结束时，因熔池金属尚未冷却凝固，应滞后停气 2 ~ 3s，给予继续保护，以防止空气的有害作用，保证焊缝的质量。

对送丝系统的控制，即对送丝电动机的控制，应保证电动机能够完成对焊丝的正常送进和停止动作。焊前调整焊丝伸出长度、均匀调节送丝速度；在焊接过程中对网络波动有补偿作用等。

对供电系统的控制，是指对焊接区电源的控制，这与送丝部分密切相关。供电可在送丝之前接通，或与送丝同时接通，但在停电时，要求送丝先停而后再断电，这样可避免焊丝末端与熔池粘连，而影响弧坑处的焊缝质量。在采用较大电流的自动 CO_2 焊时，应保证焊丝及小车停止后的 0.2 ~ 1s 内延时切断焊接电源，使电弧在焊丝伸出端"返烧"，借此填满弧坑，从而提高焊缝质量。

CO_2 气体保护焊的焊接控制程序如图 5-13 所示。

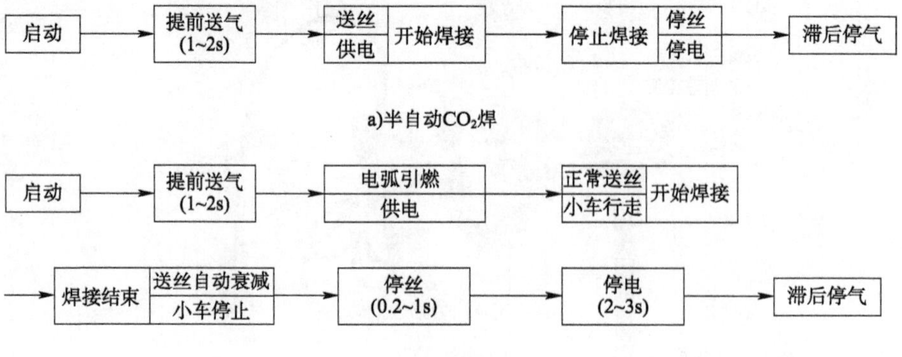

a)半自动 CO_2 焊

b)自动 CO_2 焊

图 5-13 CO_2 气体保护焊的焊接控制程序

4) CO_2气体保护焊焊接参数

(1)焊丝直径。

焊丝直径以焊件的厚度、焊接位置及质量要求为依据进行选择。一般焊接薄板时采用细焊丝,随着板厚增加,焊丝直径也应相应增加。用焊丝直径大于1.6mm的粗丝焊接时生产效率较高,但存在飞溅和成型差的问题,并在热输入较大时,烟尘较大、弧光强。焊丝直径的选择见表5-2。

CO_2气体保护焊焊丝直径的选择 表5-2

焊丝直径(mm)	焊滴过渡形式	焊件厚度(mm)	焊 接 位 置
0.5~0.8	短路过渡 颗粒过渡	1.0~2.5 2.5~4.0	全位置 水平位置
1.0~1.4	短路过渡 颗粒过渡	2.0~8.0 2.0~12	全位置 水平位置
1.6	短路过渡	3.0~12	水平、立、横、仰焊
>1.6	颗粒过渡	>6	水平位置

(2)焊接电流。

焊接电流根据焊件的厚度、坡口形状、焊丝直径及所需的熔滴过渡形式来选择。对于一定的焊丝直径,所使用的焊接电流有一定的范围,见表5-3。

不同直径焊丝焊接电流的范围表 表5-3

焊丝直径(mm)	焊接电流(A)	
	短路过渡	颗粒过渡
0.8	50~100	150~250
1.0	70~120	150~300
1.2	90~150	160~350
1.6	140~200	200~500
2.0	160~250	350~600

焊接电流对焊缝的成型影响较大,当焊接电流增加时,熔深相应增加,熔宽略有增加。提高焊接电流可以增加焊丝的熔化速度,提高生产率;但焊接电流太大时,会使飞溅增加,并容易产生烧穿及气孔等缺陷。反之,若焊接电流太小,电弧不能稳定,容易产生没焊透,焊缝成型差。

(3)电弧电压。

电弧电压是影响熔滴过渡、飞溅大小、短路频率和焊缝成型的重要因素。在一般情况下,当电弧电压增加时,焊缝宽度相应增加,而焊缝的余高和熔深则减少。在焊接电流较小时,电弧电压过高,则飞溅增加;电弧电压太低,则焊丝容易伸入熔池,使电弧不稳。在焊接电流较大时,电弧电压过高,则飞溅增加,容易产生气孔;电弧电压太低,则焊缝成型不良。要获得稳定的焊接过程和良好的焊缝成型,要求电弧电压与焊接电流有良好的配合。通常细丝焊接时电弧电压为16~24V,粗丝焊接时电弧电压为25~36V。当采用短路过渡时,电弧电压与焊接电流有一个最佳配合范围。

(4)焊接速度。

焊接速度对焊缝成型有一定影响。随着焊接速度的增加,焊缝宽度、余高和熔深相应减少。若焊接速度太快时,会使气体保护作用受到破坏,同时使焊缝冷却速度过快,降低了焊接接头的力学性能,并使焊缝成型变差;若焊接速度太慢时,焊缝宽度增加,熔池变大,热量集中,造成烧穿或焊缝金属的金相组织粗大等缺陷。因此,焊接速度应根据焊件材质的性质、厚度和冷却条件等来选择。一般焊接速度在 15 ~40m/h 范围内。

(5)气体流量。

CO_2气体流量主要影响对熔池的保护效果。保护气体从喷嘴喷出时要有一定的挺度,才能避免空气对电弧区的影响。不同的接头形式、焊接参数和作业条件,要求有相应的气体流量。当焊接电流越大、焊接速度越快、焊丝伸出长度越长时,气体流量应大一些。一般情况下,细丝焊接时为 6 ~15L/min,粗丝焊接时为 20 ~30L/min。若气体流量太大,气体冲击熔池,同时冷却作用增加,并且使保护气流紊乱,产生气孔等缺陷;若气体流量太小,气体挺度不够,降低了气体对熔池的保护作用,也会产生气孔等缺陷。

除以上一些主要参数外,焊丝伸出长度、电源极性、回路电感值、焊枪倾角、焊缝坡口和焊接位置等对焊接过程都有影响。所以在应用中应根据具体情况来选择。表 5-4 是常用 CO_2气体保护焊的焊接参数。

常用 CO_2气体保护焊的焊接参数　　表 5-4

焊件厚度(mm)	坡 口 形 式	焊丝直径(mm)	焊接电流(A)	电弧电压(V)	气体流量(L/min)
≤1.2	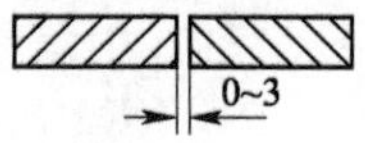	0.6	30 ~50	18 ~19	6 ~7
1.5		0.7	60 ~80	19 ~20	6 ~7
2.0 ~2.5	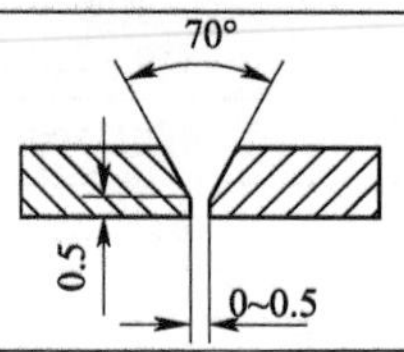	0.8	80 ~100	20 ~21	7 ~8
3.0 ~4.0		1.0	90 ~120	20 ~22	8 ~10
≤1.2	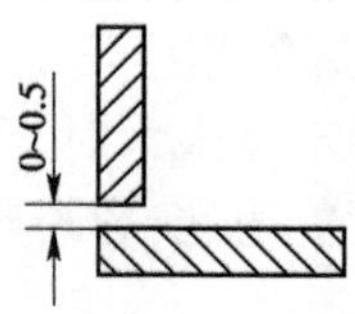	0.6	35 ~55	18 ~20	6 ~7
1.5		0.7	65 ~85	18 ~20	8 ~10
2.0		0.9	80 ~100	19 ~20	10 ~11
2.5		1.0	90 ~110	19 ~21	10 ~11
3.0		1.0	95 ~115	20 ~22	11 ~13
4.0		1.2	100 ~120	21 ~23	13 ~15

5)CO_2气体保护焊系统维护

在实际工作中,经常遇到的维护工作有三项,一是更换焊丝,二是更换储气瓶,三是更换导电嘴。

(1)更换焊丝。

以汽车钣金维修中常用的推丝式焊机为例,一般更换焊丝的步骤如下:

①松开焊丝盘固定螺母,装上新焊丝盘,注意要使焊丝盘鼓上的定位销插入焊丝盘上的定位孔,拧紧固定螺母;

②摆直焊机外的导丝软管,取下导电嘴;

③旋松压紧轮调节螺母，扳下压紧手柄，将焊丝穿过矫直调节轮和矫直支撑轮上的导槽，再经过送丝轮的导槽，从导丝管送出焊机 50mm 以上；

④扳上压紧手柄，拧动调节螺母至规定刻度(具体值参考焊接说明书)；

⑤打开焊机电源开关，调节走丝调节旋钮至中间位置，按下焊枪开关，至焊丝吐出，拧上导电嘴；

⑥拧上喷嘴。

(2)更换气瓶。

①关掉气瓶阀门；

②拆下压力表；

③拆下储气瓶固定链条；

④取下储气瓶；

⑤将新储气瓶放置在安装座上，系好固定链条；

⑥安装压力表(安装前，要先打开储气瓶总阀 2～3s，以吹净储气瓶接口处的污物，防止损坏减压阀，并能尽量保证接口密封)；

⑦打开储气瓶阀门，在所有接口处涂肥皂液，进行检漏。若有泄漏，则重新紧固。若紧固后仍不能解决，可在泄露处使用生胶带。

(3)更换导电嘴。

导电嘴属于易损件，使用中会有磨损、烧蚀等现象。当导电嘴的中心孔磨损后，会造成电弧不定的问题；当走丝速度调整不合适、焊丝伸出导电嘴长度不足，都会造成导电嘴烧蚀。

对于导电嘴磨损，直接拧下受损导电嘴，换上新的即可。若导电嘴和焊丝烧熔在一起，则要在送丝机构处断开焊丝，然后用大力钳夹紧导电嘴，将其从分流环上拧下，抽出导电嘴和焊丝，然后重复前述更换焊丝的步骤，最后拧上新的导电嘴。

6)CO_2气体保护焊操作注意事项

(1)正式焊接之前，应先在相同性质的钢板上进行试焊，以便将各个焊接参数调到最佳。

(2)焊接过程中严禁切换焊接电流调整旋钮，以防损坏设备。

(3)对缝焊接前，一定要预留好焊接缝隙，过大的焊接缝隙将增加焊接难度，过小的焊接缝隙将使焊接后变形严重。

(4)焊接前一定要用大力钳加紧待焊工件，否则焊接过程中极易变形。

(5)焊接时，要在喷嘴内壁涂抹少许防堵剂(焊膏)，以防飞溅物在喷嘴内壁堆积。喷嘴内壁有飞溅物堆积会影响 CO_2 气体保护效果。

(6)焊接过程中，要时刻做到“听声音”“感力度”“看飞溅”，即要听焊接声音是否柔和连续，感受焊丝是否有少许向上顶枪的力量，看飞溅是否严重。这些都是判断焊接是否正常的方法。

(7)焊接过程中，若发现焊疤颜色发黄(似烟熏效果)、表面粗糙(似豆腐渣)、针孔增多等现象，则说明 CO_2 保护气体很少，或已经没有保护气体，这时应检查压力表示值，若显示正常，则应检查喷嘴是否堵塞。

(8)操作时一定要做好安全防护。尤其要防止灼伤眼睛、烧坏衣物等。

二、任务实施

1. 施工程序

在任务实施前，首先要正确掌握板件 CO_2 气体保护焊焊接的施工程序，如图 5-14 所示。

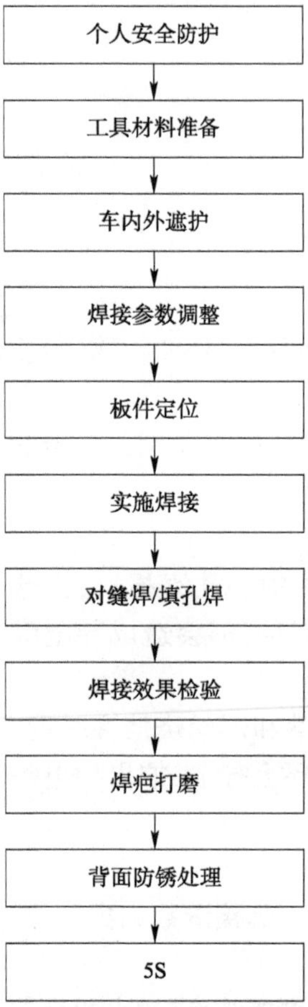

图 5-14　板件 CO_2 气体保护焊施工程序

在现代轿车车身维修的板件更换中一般都采用 CO_2 气体保护焊，其主要形式包括搭接焊、对缝焊和填孔焊，因搭接焊的两块钢板高度不一致，给后续工作带来麻烦，故现在维修厂已应用很少。所以，本任务只练习对缝焊和填孔焊。

2. 焊接准备

1）安全防护

CO_2 气体保护焊焊接过程中会产生噪声、烟尘、弧光、飞溅及金属蒸气等，会对环境造成严重的污染，会对人身造成一定损害。因此，焊接时一定要做好安全防护。

（1）CO_2 气体保护焊焊接用电源的电压较高，一般为 380V（交流），有电击的危险。电源在使用时必须可靠接地（关于这一点，一般设备上都有警示标识，如图 5-15 所示），焊枪枪体与手触摸部分必须可靠绝缘，操作者应戴焊接专用手套，并穿安全鞋。

（2）CO_2 气体保护焊的电弧的光辐射强度较大，故要佩戴专用的焊接面罩。为了保护皮肤的裸露部位，应戴焊接专用手套。

（3）CO_2 气体保护焊焊接过程伴随有金属蒸气、臭氧、氮化物等有毒气体，应有良好的抽风系统或通风设备，采取换气措施，同时操作者佩戴焊接专用口罩。

（4）飞溅是 CO_2 气体保护焊的特点，所以操作时应穿戴焊接围裙和工作帽，并用帆布遮盖好车辆的其他部位，同时现场要配灭火器。

2）设备材料准备

（1）焊接材料。

准备 200mm × 50mm × 1mm 的钢板若干。

（2）设备。

CO_2 焊机，CO_2 气体，电源（严格按照设备厂家的要求连接）。

（3）辅助工具、材料。

大力钳、斜口钳、气动钻（或手电钻）、防堵剂及安全防护设施等。

3）设备调试

在汽车钣金维修中，需要调整的部分一般有 CO_2 气体流量、焊接电流、走丝速度等，具体调整旋钮的布置及结构如图 5-16 所示，焊机上的其

图 5-15　常见半自动 CO_2 气体保护焊机控制面板

他调整旋钮一般都关掉，如断续开关、断续时间（薄板焊接时使用）。

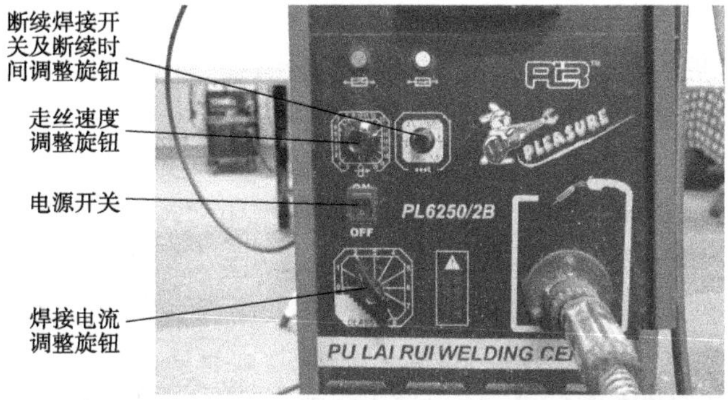

图5-16　半自动CO_2气体保护焊机控制面板

（1）保护气体。

打开CO_2保护焊机电源开关，打开气瓶阀门，将走丝速度调到最小，按下焊枪开关，调整保护气体旋钮，使指示器指在约10L/min的位置。

（2）焊接电流。

焊接电流与板件的厚度和操作者的习惯有很大关系，一般板件越厚，电流越大，操作越熟练，电流越大。实际生产中变化范围很大，同样的钢板，有人将焊接电流调整在2挡，有人可能调到5挡。对初学者，建议调整到2挡。

（3）走丝速度。

走丝速度是与焊接电流相匹配的，电流越大，走丝越快。两者调整是否合适的检验方法为：焊接时焊枪有稍微“向上顶”的感觉，电弧燃烧声音柔和且连续，飞溅较小。若有“噗噗”声，向上顶的力量明显，说明走丝速度太快；若燃烧不连续，且没有向上顶的感觉，焊丝伸出导电嘴的部分明显变短，说明走丝速度太慢。

（4）焊丝伸出长度。

准备焊接时，要检查焊丝伸出导电嘴的长度，不合适的长度将影响焊接质量。一般应伸出导电嘴约8mm。过长时，要用斜口钳剪掉，如图5-17所示。如果焊丝端部形成较大圆珠时，也需要用前述方法处理，因为这会影响电阻，从而影响起弧。剪断焊丝时，要将焊枪头朝向地面，防止焊丝蹦出伤人，如图5-18所示。

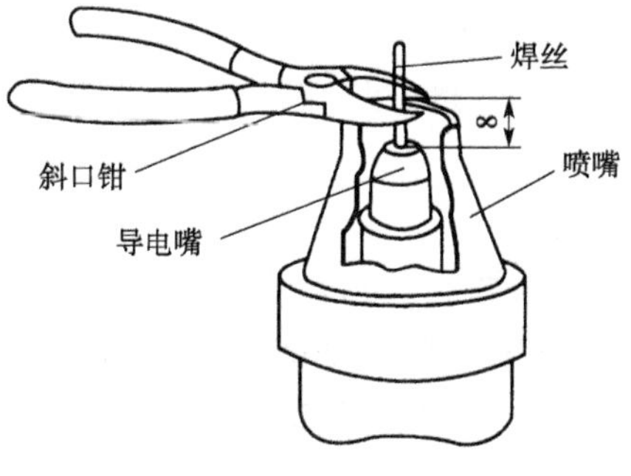

图5-17　剪断焊丝示意图

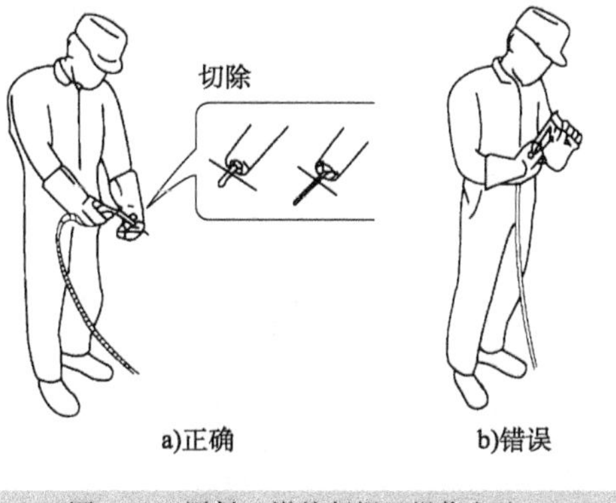

图5-18　用斜口钳剪断焊丝操作方法

3. 基本操作技术

1)引弧

二氧化碳气体保护焊一般采用直接短路接触法引弧。由于采用平特性的弧焊电源，其空载电压较低，造成引弧困难，引弧时焊丝与焊件不要接触太紧，如接触太紧或接触不良，会引起焊丝成段烧断。因此引弧前应调节好焊丝的伸出长度，使焊丝端头与焊件保持 8 ~ 10mm 的距离。如焊丝端部有粗大的球形头，应用钢丝钳剪掉，因为球状端头等于加粗了焊丝的直径，并在该球状端头表面上覆盖一层氧化膜，影响引弧的质量。引弧前要选好适当的位置，起弧后要灵活掌握焊接速度，以避免焊缝起弧处出现未焊透、气孔等缺陷。

2)熄弧

在焊接结束时，如突然切断电弧，就会留下弧坑，并易在弧坑处产生裂纹和气孔等缺陷。所以应在弧坑处稍做停留，然后慢慢地抬起焊枪，这样可使弧坑填满，并使熔池金属在未凝固前仍受到良好的保护。

3)焊缝的连接

焊缝接头的连接一般采用退焊法，其操作与焊条电弧焊的方法相同。

4)左焊法和右焊法

CO_2气体保护焊的操作方法，按焊枪的移动方向，可分为左焊法和右焊法，如图 5-19 所示。

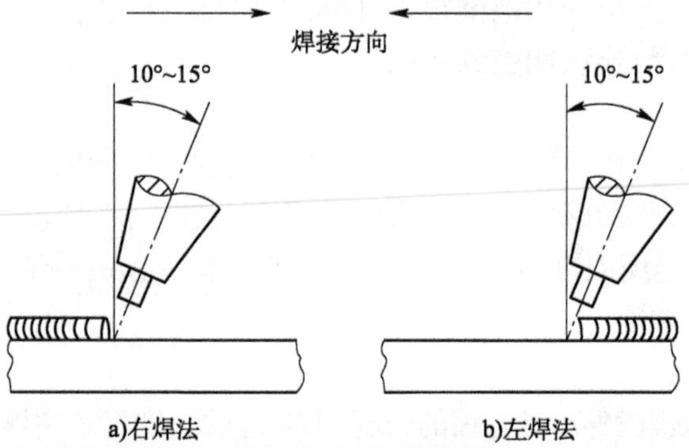

图 5-19　CO_2气体保护焊操作方法

采用右焊法时，熔池能得到良好的保护，且加热集中，热量可以充分利用，并由于电弧的吹力作用将熔池金属推向后方，可以得到外形比较饱满的焊缝。但是焊接时不便观察，不易准确掌握焊接方向，容易焊偏，尤其焊接对接接头时更为明显。

采用左焊法时，电弧对焊件有预热作用，能得到较大的熔深，焊缝成型得到改善。虽然左焊法观察熔池有些困难，但能清楚地看到待焊接头，易掌握焊接方向，不会焊偏。所以 CO_2气体保护焊一般都采用左焊法。

5)运丝方式

运丝方式有直线移动法和横向摆动法。直线移动法即焊丝只作直线运动不作摆动，焊出的焊道稍窄。横向摆动运丝是在焊接过程中，以焊缝中心线为基准做两侧的横向交叉摆动。常用的方式有：锯齿形、月牙形、正三角形、斜圆圈形等，如图 5-20 所示。横向摆动运丝方式在操作时应注意以下事项：

(1)运丝时以手腕作辅助，以手臂为主进行操作。

(2)左右摆动的幅度要一样,摆动幅度不能太大。

(3)锯齿形和月牙形摆动时,为避免焊缝中心过热,摆到中心时速度应稍快,而在两侧时应稍作停顿。

(4)有时为了降低熔池温度,避免液态金属流淌,焊丝可作小幅度的前后摆动,摆动须均匀。

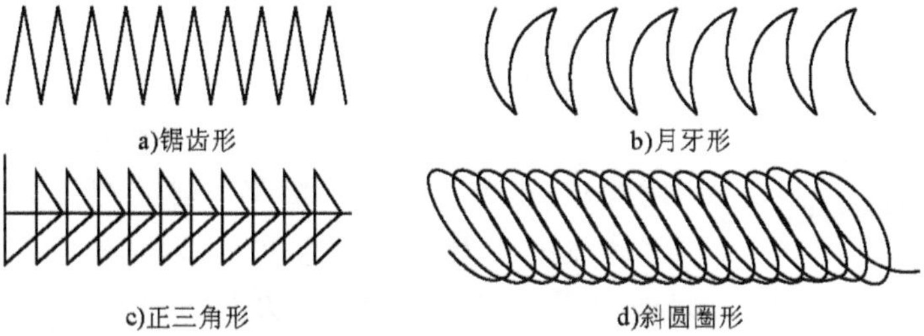

图 5-20 CO_2气体保护焊焊枪的横向摆动方式

直线移动方式主要应用于薄板和打底层;锯齿形摆动方式常应用于根部间隙较小的场合;月牙形摆动方式常应用于填充层以及厚板的焊接;正三角形和斜圆圈形摆动方式常应用于角接头和多层焊。

6)各种位置的焊接

(1)平焊。

平焊时一般采用左焊法。薄板焊接时焊枪作直线移动。中厚板V形坡口的打底层焊接采用直线移动方式,焊以后各层时焊枪可作适当的横向摆动,但幅度不宜过大,以免影响气体的保护效果。

(2)立焊。

立焊有两种方式:一种是热源自下向上进行的焊接,即向上立焊;一种是热源自上向下的焊接,即向下立焊。

向上立焊时,由于液态金属的重力作用,熔池金属下淌,加上电弧吹力的作用,熔深较大,焊道较窄,常用于中、厚板的细丝焊接。操作时如直线移动,焊缝会凸起,容易产生咬边,所以可以用小幅度的横向摆动法焊接,焊枪角度如图 5-21 所示。

向下立焊当采用细丝短路过渡焊接时,由于CO_2气流有承托熔池金属的作用,使其不易下坠,焊缝成型美观,但熔深较小。该方法操作简单,焊接速度快,常用于薄板的焊接。操作时的焊枪角度如图 5-22 所示。

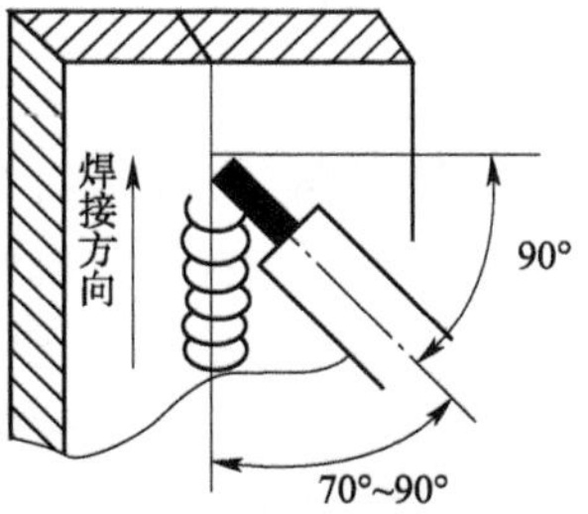

图 5-21 CO_2气体保护焊向上立焊的焊枪角度

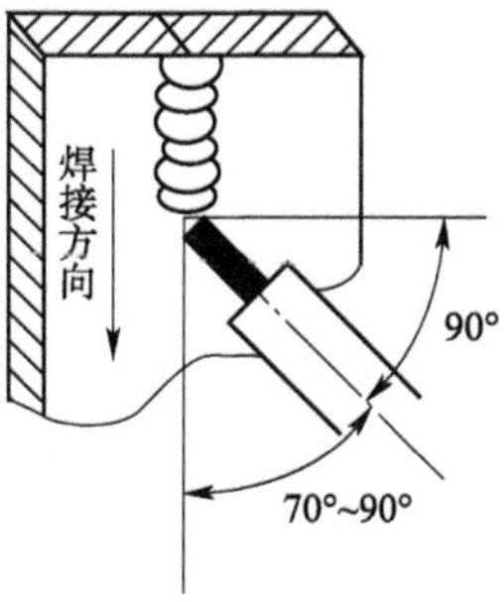

图 5-22 CO_2气体保护焊向下立焊的焊枪角度

(3)横焊。

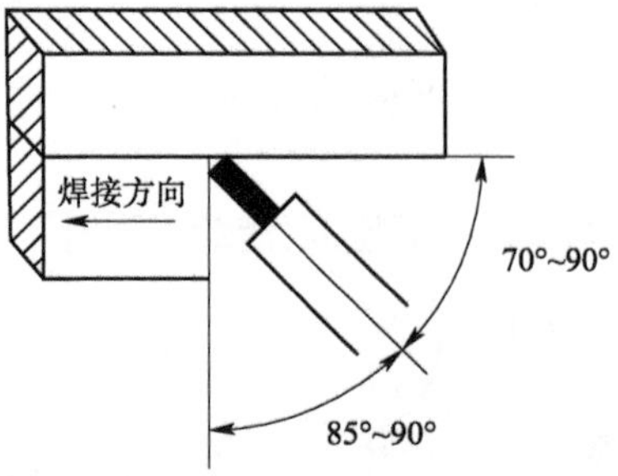

图5-23　CO_2气体保护焊横焊的焊枪角度

横焊时，由于熔池金属受重力作用下淌，容易产生咬边、焊瘤和没焊透等缺陷，因此需采用细丝短路过渡的方式焊接，焊枪的角度如图5-23所示。焊枪一般采用直线移动运丝方式，为防止熔池温度过高、熔池金属下淌，可作小幅度的前后往复摆动。

(4)仰焊。

仰焊与立焊、横焊一样存在重力作用的问题。所以采用细丝、小焊接电流及短路过渡的焊接方法。焊接时，CO_2气体流量略大，焊枪角度如图5-24所示。焊接薄板时采用小幅度的往复摆动；焊接中、厚板时应作适当的横向摆动，并在坡口两侧稍作停留，以防止焊缝中间凸起或熔池金属下淌。

(5)T形接头的焊接。

焊接T形接头时，容易产生咬边、没焊透、焊缝下垂等现象。在操作时需根据板厚和焊脚尺寸来控制焊枪的角度。不等厚焊件的T形接头平角焊时，要使电弧偏向厚板，以使两板加热均匀。在等厚板上进行焊接时，一般焊枪与水平板件的夹角为40°～50°。当焊脚尺寸小于或等于5mm时，可按图5-25所示A方式将焊枪对准夹角处；当焊脚尺寸大于5mm时，可按图5-25所示B方式，将焊枪水平偏移1～2mm，焊枪的倾角为10°～25°。

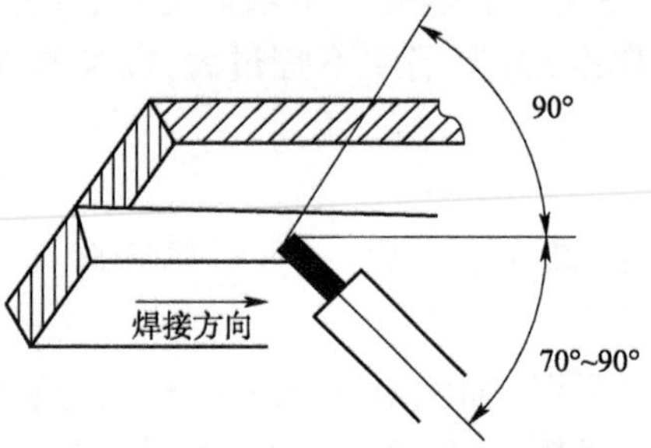

图5-24　CO_2气体保护焊仰焊的焊枪角度

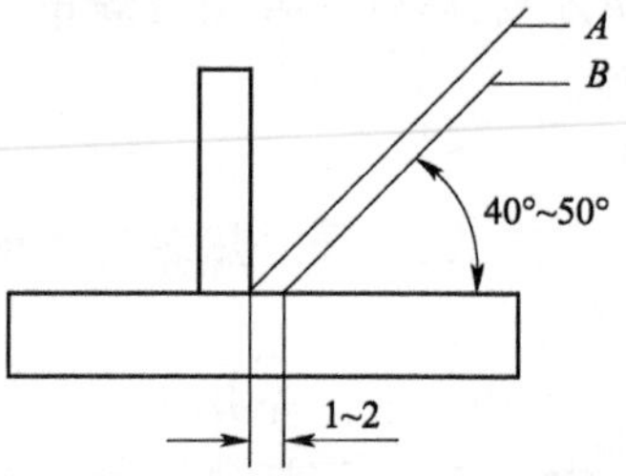

图5-25　CO_2气体保护焊T型接头平角焊的焊枪角度

4. CO_2气体保护焊焊接练习

在现代轿车车身维修的板件更换中，一般都采用CO_2气体保护焊的对缝焊和填孔焊，故此处只介绍这两种焊接类型。

1)对缝焊

在更换车身门槛外板、后侧围时，一般要用到板件的CO_2对缝焊。

(1)焊接工艺。

对缝焊分为无衬板和有衬板两种。为了保证焊接强度和使对缝更加准确，在孔洞边缘内侧首先用点焊或填孔焊的工艺先焊接上一小块薄钢板，补板在有薄钢板做衬底的部分形成了两板的搭接对缝，既有利于对缝的准确，又有利于提高焊缝的强度，也降低了焊接的操作难度。如图5-26a)所示。要注意的是，没有衬板的对缝焊接，对缝的宽度要尽量的小，一般以板厚为宜。但有衬板的对缝焊接，缝隙必须宽一些，要达到2～3倍的板厚，以期将衬板焊透来增加焊接强度，如图5-26b)所示。因此在采用镶补工艺以前，就要考虑到哪里需要搭接衬板，哪里不需要搭接衬板，预先留好对缝宽度。

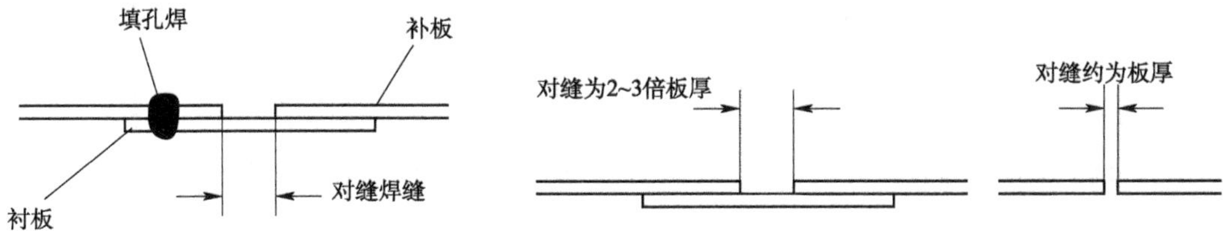

a)有衬板的搭接对缝焊接　　b)有衬板和无衬板的搭接对缝比较

图 5-26　薄板的焊接方法

在有衬板的区域，可以采用气体保护焊的连续焊接工艺；在没有衬板的区域一般不用连续焊的工艺方法，这样做很容易将薄板烧成大洞。对薄板无衬板对缝焊接很多人喜欢采用另外一种工艺，即逐点点焊连成连续焊缝的工艺。

逐点点焊就是用焊嘴在薄板对缝上先点焊一个点，类似于定位点焊，然后在这个点的旁边紧邻焊点的边缘处进行下一个点焊，这样一个点压一个点形成连续的焊缝。逐点点焊时每一个点的焊接时间都要逐渐减少，防止热量积聚而烧出大洞。逐点点焊形成焊缝以 20 ~ 30mm 长为一段，如图 5-27 所示，不能连续过长。在每一道焊缝都完成后，用手锤对补板的变形进行修整，然后磨平焊缝，进行最后的处理。

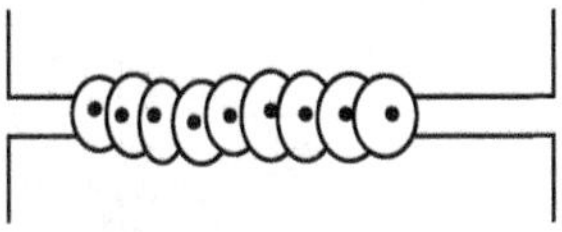

图 5-27　逐点点焊连成连续焊缝

对于较长的焊缝，为防止焊接变形，不能一个方向连续焊完整个焊缝，而应先以 20 ~ 30mm 的间隔进行定位焊接，然后按一定顺序分段施焊，以使整个板件受热均匀，如图 5-28 所示。

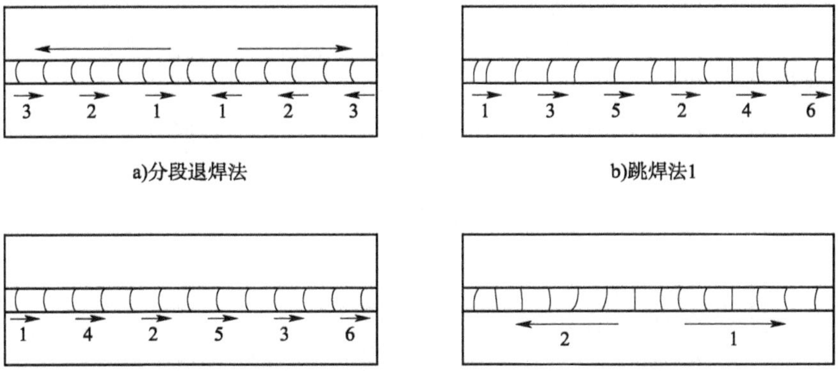

a)分段退焊法　　b)跳焊法1

c)跳焊法2　　d)分段焊法

图 5-28　较长焊缝的分段焊接方法

焊接完成后，要立刻趁热用钣金锤敲击焊缝，以释放焊接应力，减小焊接变形。

焊接好以后还要进行最后的修整，修整工作包括挖补部位的整形，磨平焊缝，清洁表面和涂刷底漆及刮涂原子灰等。

整形工作即对焊接造成变形和补板制造的缺陷等进行外部轮廓修整工作，需要用到前面提到的各种整形工艺。但如果补板制作和焊接都很好的情况下，这项工作就会很简单。

焊接完成后必须将焊疤磨平，以便进行后续的涂装工作。磨平焊疤一般使用电动角磨机配砂轮片。要注意的是，只能打磨焊疤部位，不要磨到周围的薄钢板，也不要将焊缝磨穿，多余的打磨会降低焊缝的强度。打磨时将打磨砂轮的盘面与焊缝呈 20°角，用砂轮的边缘部分进行磨削效果较好。当焊接水平较高、焊疤较低时，也可采用砂带磨机打磨，砂带磨机的砂带较窄，打磨焊疤时不会损伤到周围，打磨效果很好，但砂带的寿命很短，成本较高。

磨平焊缝以后，要清理焊接残渣和其他污物，然后找出高于原轮廓的点进一步进行修整，最后即可对修补区域涂覆底漆和刮涂原子灰整形了。

以上是结合实际维修工作，阐述了薄板的对缝焊接，练习时可直接用两个大力钳在两端夹紧裁好的钢板，进行无衬板的焊接即可。

(2)焊接要求。

对于1mm厚钢板的对缝焊接，要求缝隙为1±0.5mm；施焊时，要按正确的焊接顺序分段进行；焊缝要熔透，如图5-29所示。而图5-30所示的钢板背面棱角还很明显，属于未焊透；不能出现焊接气孔；正面的焊缝高宽一致，如图5-31所示，焊缝高度低于2mm，宽度小于5mm；焊接完成后钢板不翘曲，其平面度小于1mm。

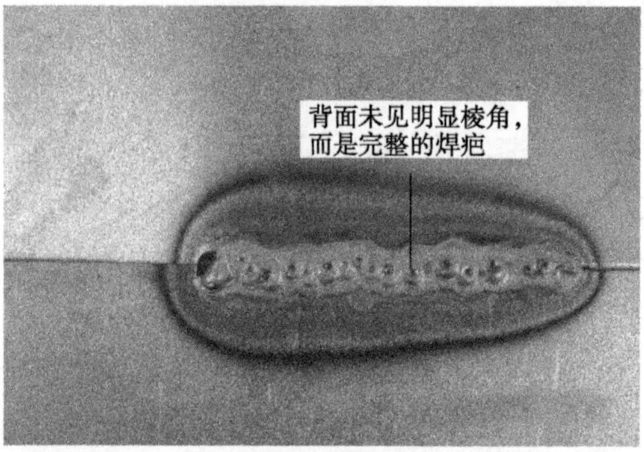

图5-29 钢板背面熔透的情况

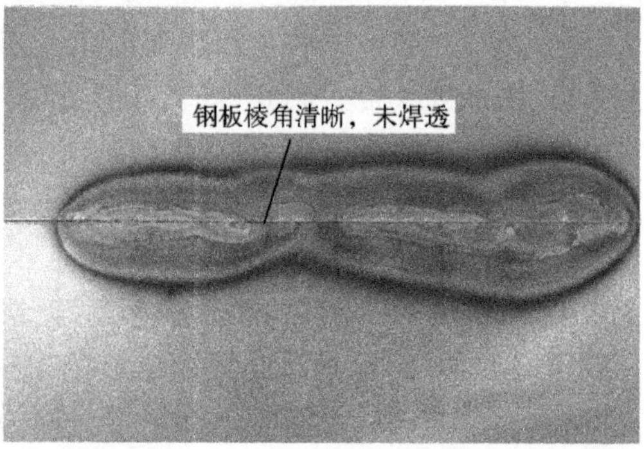

图5-30 钢板背面未熔透的情况

2)填孔焊

在进行驾驶室顶盖、翼子板内板、水箱框架等件更换时，一般都采用CO_2填孔焊。

(1)焊接工艺。

焊接前要用手电钻(或气动钻)将原车的电阻点焊点钻掉，取下损坏件，再在新件上的合适位置钻出一定数量的孔，定位固定后即可焊接。常用气动钻的结构如图5-32所示。

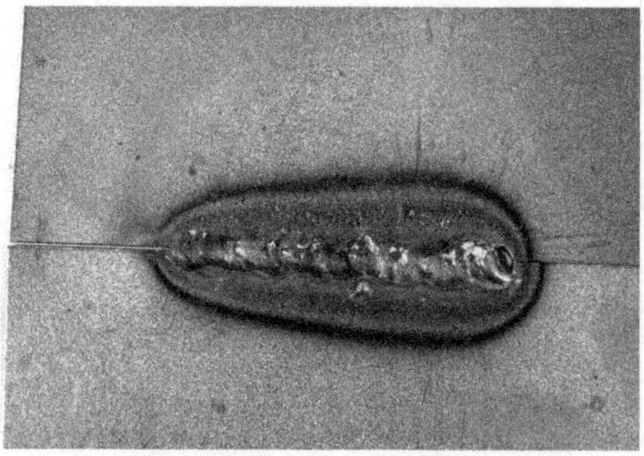
图5-31 合格的正面焊缝情况

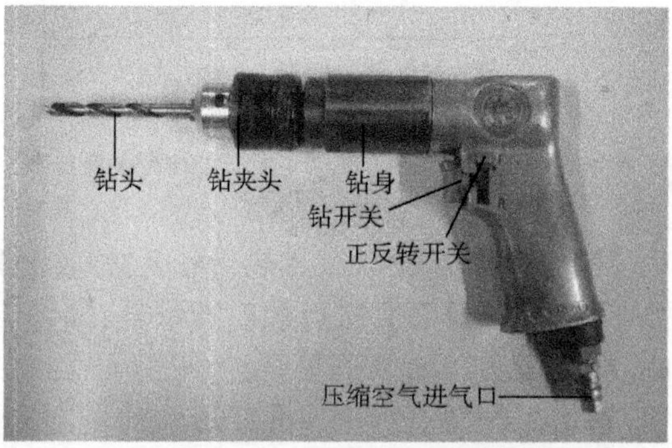

图5-32 常用气动钻的结构

汽车钣金维修使用的钻头和普通的麻花钻不同，它要将普通的钻头磨成燕尾形，以便自定位和不伤及未损坏的构件。燕尾形钻头的结构如图5-33所示，其施工应用如图5-34所示。钣金专用钻头(燕尾钻头)的工作过程实质是用中心定位尖定位，使钻头不至于滑离待钻位置，然后用几乎平的切削刃切削钢板。

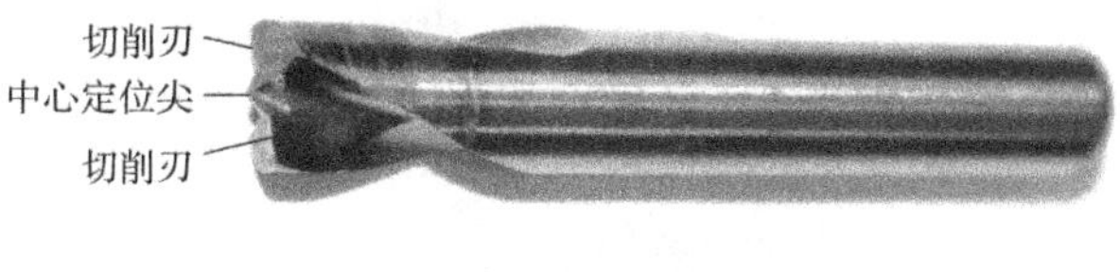

图 5-33　燕尾形钻头结构

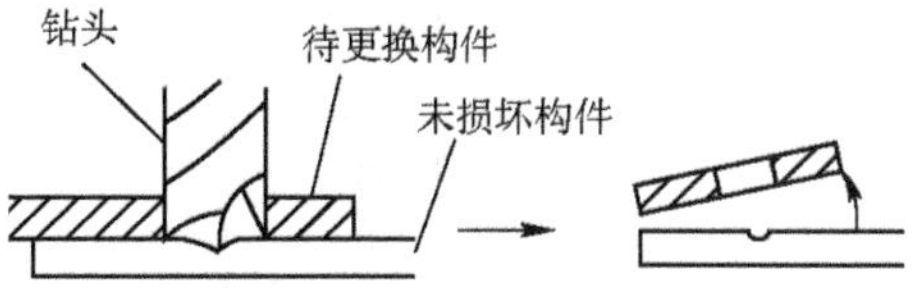

图 5-34　燕尾形钻头应用

钻孔时，要注意以下几点：

①钻头垂直被钻工件；

②钻削过程中不能左右晃动钻身；

③钻削时应一手握住钻身前部，起到定位作用，另一手虎口放在钻柄的圆弧处，沿钻头轴线方向向前施力；

④两手不能盖住钻身上的通风口；

⑤在快要钻透时适当减小向前的推力，以防钻透时身体因失去重心而前冲，从而使工具损坏或操作人员受伤；

⑥钻削时，一定要将正反转开关置于正转位置，否则无法切削并会损坏钻头。

⑦有时钻完孔后，会在钻头上留下铁片（这是钣金钻头特有的现象），这时必须清理，否则下一个孔无法钻削并会损坏钻头。

操作时要做好安全防护工作：皮手套、护目镜、耳塞、工作鞋等。

钻孔完成后，要将两块钢板用两把大力钳夹紧，调整好焊接参数，从孔的边缘开始，采用顺时针画圆的方式，一次性填满钻孔的范围，最后在孔的中间收枪停焊。为保证被焊接的板件受热均匀，从而尽量减小板件的变形，焊接时一定要按合理的顺序进行，一般的焊接顺序如图 5-35 所示。在实操中，经常有学生从前到后依次焊接，需引起注意。

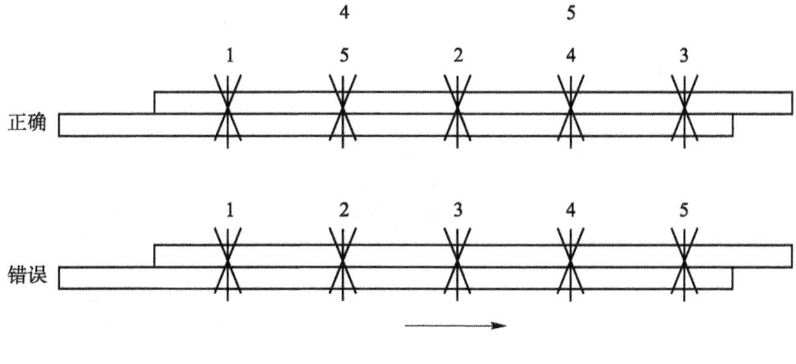

图 5-35　填孔焊焊接顺序

（2）焊接要求。

钻孔的位置要符合要求，孔与钢板边缘≥20mm，孔与孔间隔一般为 20 ~ 40mm；为减小变形，钻孔后焊接前应使用大力钳夹紧钢板；填孔时要一次性将孔填满；从背面看，熔透焊点直径不小于 3mm；不能出现焊接气孔；正面焊点高度小于 2mm；为保证板件受热均匀，焊接顺序要正确。填孔焊正面较好的焊接效果如图 5-36 所示，背面较好的焊接效果如图 5-37 所示。

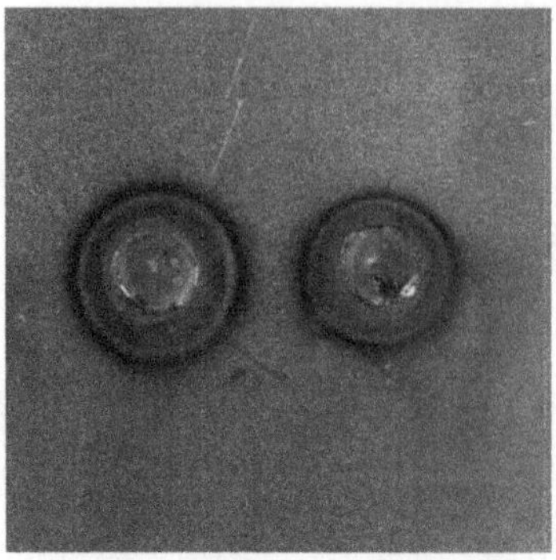

图 5-36　填孔焊正面效果

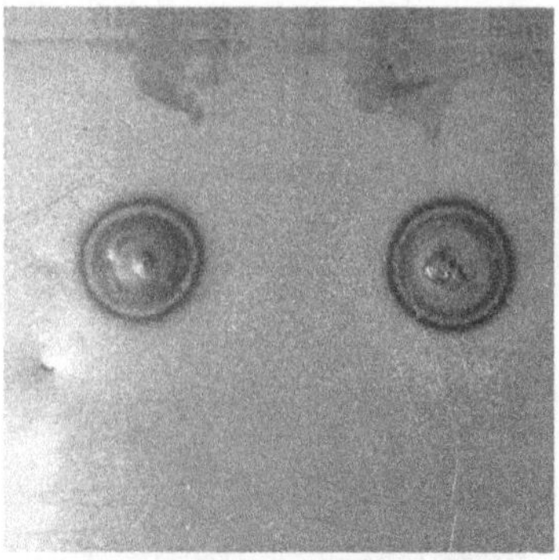

图 5-37　填孔焊背面效果

在基本掌握了低碳钢板的填孔焊技术后，如果条件允许，可尝试焊接车身顶盖。焊接时，可从车身外部焊接，也可从车身内部焊接。在外部焊接时，要在车顶盖上钻孔，属于平焊，操作简单，但焊疤打磨较难，打磨时很容易伤到两边的压条槽，给涂装工作造成很大困难。在内部焊接时，要在车顶边梁上钻孔，属于仰焊，操作较难，但后续工作简单，焊完后只需稍微打磨，然后喷防锈漆即可。

三、技能考核

1. 作业内容

对两组钢板进行平焊的对缝焊和立焊的填孔焊。

2. 作业要求

(1)对缝焊：要求学生对 200 ×50 ×1(单位：mm)的两块钢板进行无衬板的对缝焊接。

(2)填孔焊：要求学生对 200 ×50 ×1(单位：mm)的两块钢板进行填孔焊($\phi8$ ×5，单位：mm)

3. 考核工具及材料

CO_2气体保护焊机、焊膏、大力钳、气动钻($\phi8$)、钢板(200 ×50 ×1)8 块(4 块试焊，4 块考核)、钢板尺、划针、抹布、斜口钳。

4. 评分标准

钢板的对缝焊评分标准见表 5-5，钢板的填孔焊评分标准见表 5-6。

钢板的对缝焊(CO_2焊)评分标准　　表 5-5

序号	评分项目	配分	评判标准	得分
1	设备使用	5	错误操作设备，一次扣 2.5 分	
2	试焊	5	正式焊接前未进行试焊，扣 5 分(调试焊机)	
3	焊接缝隙	5	钢板间缝隙超过 1 ±0.5mm，扣 5 分	
4	焊接熔透性	15	焊缝处每 10mm 为一个计分单位，钢板焊接处出现未熔透，每单位扣 5 分(从背面看)	
5	焊接气孔	15	焊缝处每 10mm 距离为一个计分单位，若出现焊接气孔，每单位扣 5 分	
6	焊缝高度	10	焊缝处每 10mm 距离为一个计分单位，焊缝高度高于 2mm，每单位扣 15 分	

续上表

序号	评分项目	配分	评判标准	得分
7	焊缝宽度	10	焊缝处每10mm距离为一个计分单位，焊缝宽度大于5mm，每处扣1分	
8	焊缝长度	10	两端各留30~50mm不能焊接，总长低于100mm，每1mm扣1分	
9	焊接平整度	15	焊缝处每10mm为一个计分单位，焊接钢板平面度大于1mm，每处扣5分	
10	安全防护用品使用	5	未使用或错误使用防护用品，扣5分	
11	5S	5	考核结束未清理，摆放杂乱，扣5分	
12	时间	—	试焊和正式焊接两项总时间为20分钟，到时停止	
13	安全事故	—	发生人身伤害、触电、设备损坏及其他严重安全事故不得分	
合计		100		

钢板的填孔焊(CO_2焊)评分标准 表5-6

序号	评分项目	配分	评分标准	得分
1	设备使用	5	错误操作设备，一次扣2分	
2	试焊	5	正式焊接前未进行试焊，扣5分(调焊机)	
3	钻孔数量	10	共5个孔，少一孔扣10分	
4	钻孔位置	10	孔与钢板边缘≥20mm，孔与孔间隔20~40mm。若距离错误，每处扣1分(按孔的中心计算)	
5	钢板夹紧	10	钻孔后焊接前未用焊接大力钳夹紧钢板，每处扣1分(钢板要平整)	
6	焊接动作连续性	10	未一次性将孔填满，每处扣1分	
7	焊接熔透性	15	熔透焊点直径小于3mm，每处扣3分(从背面看)	
8	焊点气孔	15	出现焊接气孔，每处扣3分	
9	正面焊点高度	10	正面焊点高度高于2mm，每处扣1分	
10	安全防护用品使用	5	未使用或错误使用防护用品扣5分	
11	5S	5	考核结束未清理，现场杂乱，扣5分	
12	时间	—	试焊和正式焊接两项总时间为20min，到时停止	
13	安全事故	—	发生人身伤害、触电、设备损坏及其他严重安全事故不得分	
分值合计		100		

四、评 价 反 馈

1. 自我评价

(1)通过本学习任务的学习你是否已经掌握以下问题：

①钣金维修中什么情况下需要使用CO_2气体保护焊？

____

____

____

②CO_2气体保护焊的系统基本组成和简单工作原理是什么？

③CO_2气体保护焊焊接参数之间有何关系？如何调整焊接参数？

④如何更换焊丝？

⑤CO_2气体保护焊对缝焊的技术要领是什么？

⑥钻孔时应注意哪些问题？

⑦填孔焊的技术要领有哪些？

⑧实际工作中CO_2气体减压阀总成很容易损坏，你觉得怎样才能延长其使用寿命？

⑨在进行CO_2气体保护焊接时如何做好安全防护？

(2)你是否已经掌握了CO_2气体保护焊接设备的正确操作技能？

(3)实训过程完成情况。

评价：

(4)工作中的安全防护是否规范?

评价:______________________________

(5)能否积极主动参与工作现场的清洁和整理工作?

评价:______________________________

(6)在完成本学习任务的过程中,你是否主动帮助过其他同学?并和其他同学探讨CO_2气体保护焊接的有关问题?具体问题是什么?结果是什么?

____

____

____

(7)通过本学习任务的完成,你认为自己在进行CO_2气体保护焊接时哪些方面还有待进一步改善、提高?

____

____

____

签名:__________ ____年____月____日

2. 小组评价

小组评价见表5-7 。

小组评价 表5-7

序号	评价项目	评价情况
1	学习态度是否积极主动	
2	是否服从教学安排	
3	是否达到全勤	
4	着装是否符合要求	
5	是否合理规范地使用仪器和设备	
6	是否按照安全和规范的规程操作	
7	是否遵守学习、实训场地的规章制度	
8	是否积极主动地和他人合作、探讨问题	
9	是否能保持学习、实训场地整洁	
10	团结协作情况	

参与评价的同学签名:__________ ____年____月____日

3. 教师评价

____

____

教师签名:__________ ____年____月____日

学习任务6　薄钢板的电阻点焊

学习目标

1. 能叙述电阻点焊的焊接原理、类型及特点；

2. 知道挤压式电阻点焊机的基本构成和不同材质板件的点焊方法；

3. 能分析电阻点焊常见质量问题及原因，清楚焊接工艺参数对焊点质量的影响；

4. 能根据钢板的不同厚度规范地完成电阻点焊机的检查和调整，并能进行焊接参数的设定与试焊及质量检验作业；

5. 正确完成薄钢板的电阻点焊。

任务描述

以薄钢板的焊接为例，分析电阻点焊的工艺特性和适用范围，知道点焊的操作流程以及相关设备、工具的使用，在做好个人安全防护的前提下，能独立完成薄钢板的电阻点焊。

学习引导

本学习任务沿着以下脉络进行学习：

电阻点焊的应用→电阻点焊机的分类、结构、维护→电阻点焊的安全防护→电阻点焊工艺→实施薄钢板的电阻点焊→讨论并分析任务实施中所遇到的问题→技能考核→评价反馈。

一、相 关 知 识

电阻点焊是利用焊钳两极之间低电压大电流流过两块金属产生的电阻热和焊接压力来实现金属板材的焊接，简称点焊。点焊在国外汽车车身维修中应用非常广泛，因其与汽车制造过程中的整体式车身焊接方法相同，可以最大限度地保证维修质量，大有取代氧-乙炔焊、手工电弧焊的趋势，但在国内点焊用于汽车车身维修才刚刚开始。

电阻点焊在汽车生产中应用最多，一般卡车的车身焊接点数为3500～4500点，轿车为8000～12000点，厢式汽车(面包车、客货两用车)为8000～10000点。

挤压式电阻点焊非常适合于高强度的车身和承载式车身许多薄板件的焊接，因为这些板件要求使用高强度和不变形的焊接方法。

目前许多汽车制造厂在汽车的随车维修手册中都特别指出要求用挤压式电阻点焊来修

理承载式汽车车身的许多地方，包括门槛、散热器支座、车窗和车门框、车顶板、外围板等。

1. 电阻点焊的焊接原理

将准备连接的工件置于两电极之间加压，并对焊接处通以较大电流，利用工件电阻产生的热量加热并形成局部熔化(或达塑性状态)，断电后在压力继续作用下，形成牢固接头。这种焊接工艺过程就称为电阻点焊。

电阻点焊工作的循环过程包括：预压时间、焊接时间、保持时间、休止时间。

当电流通过导体时，能使导体发热，其发热量由焦耳-楞次定律决定：

$$Q=0.24I^2Rt$$

其中：

$$R=2R_{工件}+R_{工件接触电阻}+2R_{电极与工件接触电阻}$$

$$R_{工件}=\rho\frac{L}{F}$$

电阻率低的材料(如铜、铝及铝合金)，发热量就小，应选用大功率的焊机。

电阻点焊的三个要素为：

(1)压力。两钢板之间的焊接机械强度与电极施加在两钢板上的力有直接关系。当电极将两钢板挤压到一起，电流流入母材金属，使金属熔化并熔合在一起。电极压力太大会引起焊点过小，焊点熔池过深产生变形，不能达到焊接质量，降低焊接部位的机械强度；压力过小则会使焊合部出现裂纹和气孔，不能达到焊接强度。

(2)电流。两钢板加压后，电流流过焊接电机再流入母材金属，在金属接合处，温度迅速上升。焊机的搭铁处，表面应清理干净，以保证正常的电流通过。随着电流不断流过，金属熔化并熔合在一起。电流和施加在点焊部位的压力相互关联。

这里还应注意的是点焊时有电流的分流现象，即焊接时不通过焊接区而流经焊件其他部位的电流。同一焊件上已焊的焊点对正在施焊的焊点就能构成分流，焊接区外焊件间的接触点也能引起分流，如图6-1所示。

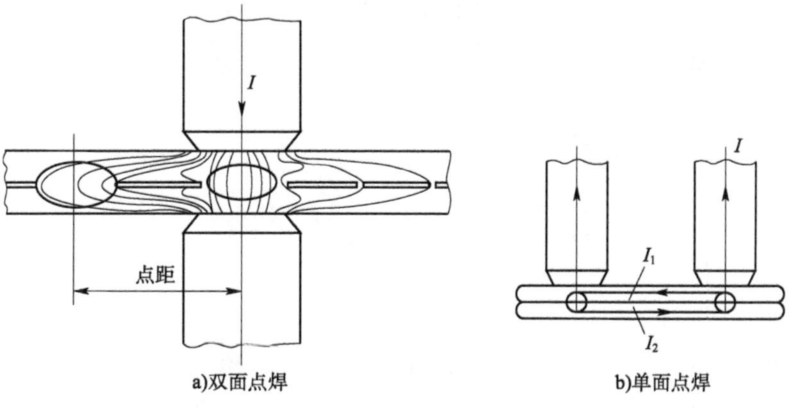

图6-1 点焊电流的分流

影响分流的因素很多，零件材料、结构、焊点间距、表面状态和装配质量等都能影响分流的大小。实质上分流的大小是取决于焊接区的总电阻与分路电阻之比，分路电阻越小，则分流就越大。

工作中减小分流的措施有以下几点：

①选择合适的焊点间距。焊点间距应大于规定的最小间距。

②焊前清理焊件表面。表面的脏污会使焊接区总电阻增大,因而使分流增大。

③提高装配质量。待焊区装配间隙大则电阻增大,使分流增加。因此焊接前要将两个金属表面整平以消除间隙,并用大力钳将工件夹紧,如图 6-2 所示。

图 6-2　工件装配间隙的消除

④适当增加焊接电流,以补偿分流的影响。

(3)加压时间。加压时间是一个非常重要的参数。实际的加压时间可少于使用说明书上的规定值。轿车车身因为钢板较薄,焊接时间不宜过长,通常不超过 0.5s。

在使用挤压式电阻点焊机时,压力、电流和加压时间这 3 个参数必须都恰当才能获得稳定、满意的焊接质量。

2. 挤压式电阻点焊机的基本构成

挤压式电阻点焊机的外形如图 6-3 所示,其主要功能部件包括焊接变压器、冷却系统、控制器及带有可以互换的电极臂和电极头的焊枪。

图 6-3　某电阻点焊机外观

标准电极臂用于焊接难以到达的部位,如轮槽凸缘、雨檐、尾灯孔、车厢地板、门槛、门窗孔等部位。挤压式电阻点焊机夹头和电极头通常以铜作为基本金属。电极头的作用是将焊接电流传导至焊接件上,同时又作为对焊接部位施加挤压力的工具。

1)变压器

变压器就是将 220V 或 380V 的电源电压(初级电压)转变成为只有 2V 或 5V 的次级电压,避免高电压电流焊接时可能造成的人身电击伤害。小型点焊机的变压器一般连接在焊炬上,常用的点焊机的变压器一般安装在主机上,通过电缆与焊炬连接,安装在焊炬上的变压器电效率高，变压器与焊炬之间的焊接电流消耗较少，焊炬与变压器分离的点焊机的变压器功率必须大，而且还要使用较大的电流，以补偿变压器与焊炬之间的电缆电阻所造成的电力能耗，当使用加长型电极臂时，电流也会因臂的长度增加而减小，因此，在焊接时应及时调整焊机上的控制器，补偿相应的电能消耗。

(1)电阻焊电源变压器的特点。

由于电阻焊工艺的特殊要求，电阻焊使用的电源变压器与常用变压器和弧焊变压器有所不同，它具有如下特点：

①电流大、电压低。电阻焊是以电阻热作为热源，由于焊件和焊机的电阻都很小(一般小于100μΩ)，因而必须有足够大的电源才能获得应有的热量。常用焊接电流为2～40kA，铝合金构件点焊和钢轨对焊中可用到更大的电流(150～200kA)。因焊件和焊接回路电阻均在微欧数量级范围内，故变压器次级电压不高，固定式焊机通常在10V以内，悬挂式焊机因焊接回路长、范围宽，次级电压达24V左右。由于电阻焊要求焊接电流大、电压低，电阻焊用变压器次级绕组仅采用1匝(悬挂式或长机臂焊机采用两匝)，故电阻焊机焊接回路导体尺寸比较大，并要求强制冷却。

②功率大、可调节。因焊件电阻小，焊接电流大，故电阻焊变压器容量皆大于50kW，大功率焊机变压器达1200kW。焊接不同焊件时，因材料物理性能、断面尺寸等不同，因而要求功率也不同。由于变压器次级绕组仅1匝或2匝，因此只能改变变压器初级绕组匝数，以改变焊接功率。一般将初级绕组分组，按功率大小分成4、8、16、20等不同功率级数，倒数第二级为额定功率级，而最后一级留作网压不足时补偿之用。

③工作不连续、无空载运行。一般情况下，电阻焊变压器的开关置于初级绕组与电源线之间，将初级绕组接入网路前，焊件已被压紧在电极之中，焊接回路已闭合。电源一旦接通，变压器便在负载状态下运行，故一般无空载状态。焊接时，焊件装卸、夹紧、焊接位置移动和焊接循环的预压、焊接、保持、休止等程序，一般都不需要接通电源。因此，电阻焊变压器通电时间多是断续的。在工作间断时，变压器得以冷却，因而在功率相同情况下，可减少变压器尺寸。

(2)变压器的功率(焊接电流)调节。

电阻焊变压器通常采用改变初级绕组匝数来获得不同的次级电压(次级绕组如有两匝，也可用改变次级匝数作为辅助调节)。如果焊接回路阻抗不变，略去一些损失不计，改变一次绕组匝数 N_1，则使次级电压 U_2 变化，从而改变了焊接电流 I_2，即：

$$\frac{U_1}{U_2} \approx \frac{N_1}{N_2} = K$$

式中：U_1——初级绕组电压；

U_2——次级绕组电压；

N_1——初级绕组匝数；

N_2——次级绕组匝数；

K——变压比。

由于次级绕组匝数 $N_2 = 1$，故

$$U_2 \approx \frac{U_1}{N_1}$$

小功率电阻焊变压器分级调节方法，如图6-4所示。当接线由1级变至2～6级时，因所用匝数不同，故焊机功率变化，即焊接电流变化。

2）冷却系统

大功率的电阻点焊机都配有冷却系统，以保证变压器及焊枪不会过热。冷却系统一般由水箱、水泵、冷却风扇、散热器、冷却液液位计等组成，其外形如图6-5所示。

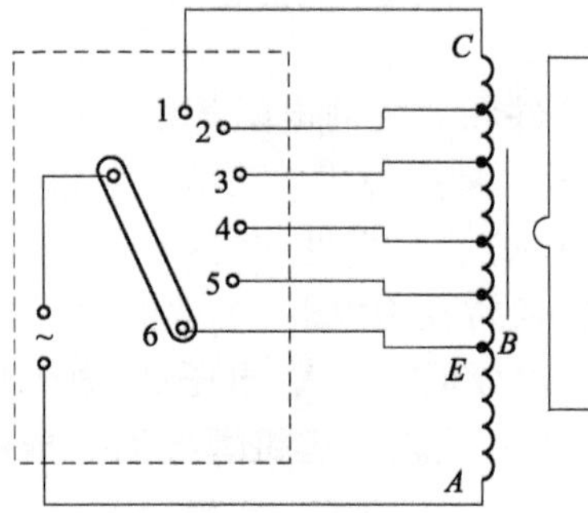

图6-4　变压器分级调节原理

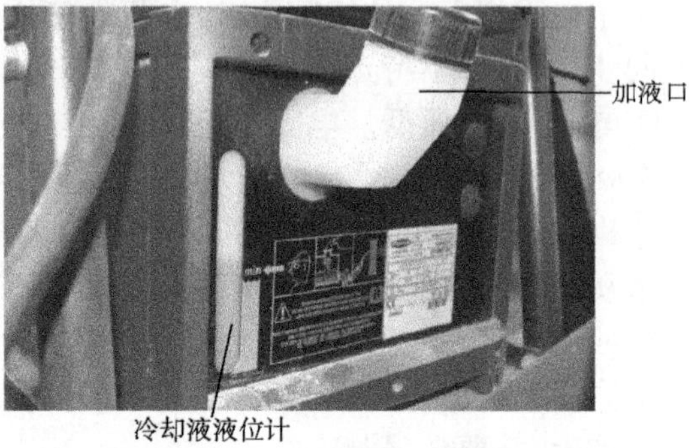

图6-5　电阻点焊机冷却系统外形

3）焊机控制器

焊机控制器可调节变压器输出焊接电流的强弱和电压的高低，并可以调节出精确的焊接电流通过的时间，在焊接时间内，焊接电流被接通并通过被焊接的金属板，然后电流被切断。焊机控制器能够进行全范围的焊接电流调整，焊接时所需电流的大小，应由需要焊接的金属板的厚度和电极臂的长度来决定，当使用较短的电极臂时，应减小焊接电流，当使用加长的电极臂时，必须增大焊接电流。

4）焊枪

焊枪是通过电极臂向被焊金属施加挤压力，并流入焊接电流，将电极压紧部位熔化。大多数电阻点焊机都带有一个加力机构装置，可以产生很大的电极压力来稳定焊接质量，这些加力机构有的是用带有弹簧的手动夹紧装置，如图6-6所示；有的是由气缸产生压力的气动夹紧装置；有的小型挤压型电阻点焊机不具备加力机构，是完全靠操作人员的手来控制压力的大小，它只适用于单面点焊。

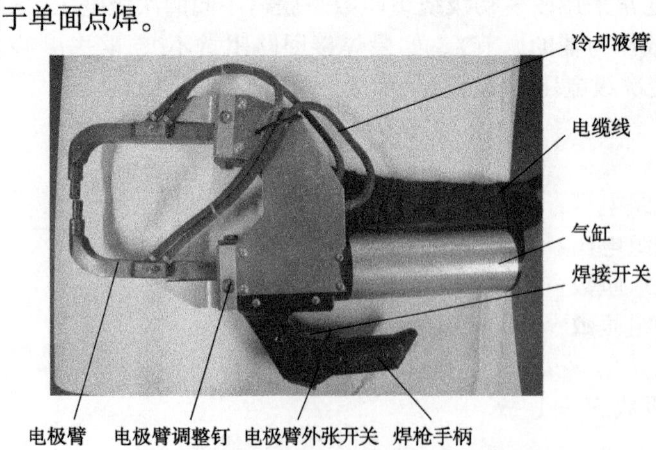

图6-6　焊枪

(1)加压机构。

电阻焊在焊接中要对工件进行加压,所以加压机构是点焊机中的重要组成部分。为了保证焊接质量,加压机构应力求满足下列要求:

①加压机构刚性要好,在加压中不会因机臂刚性不足而发生挠曲,或因导柱失去稳定而引起上下电极错位;

②加压、消压动作灵活、轻便、迅速;

③加压机构应有良好的工艺性,适应焊件工艺特性的要求;

④焊接开始时,能快速地将预压力全部压上,而焊接过程中压力应稳定,焊件厚度变化时,压力波动要小。

(2)电极。

电极工作条件复杂,其寿命与焊接质量首先由材料决定。电极材料应满足下列要求:

①在高温与常温下都有合适的导电、导热性;

②有足够的高温强度和硬度;

③常温与高温下具有高的抗氧化能力,并且与焊件材料形成合金倾向小;

④加工制造方便,价格便宜。

不同焊件材料与结构,对电极材料性能要求并不一致。对合金钢,特别是高温合金要求电极材料的主要性能是热强度稳定性;对轻合金则是导电性、导热性,突出了不同情况下的主要要求,以作为选择电极材料的依据。

电极材料主要是由加入 Cr、Cd、Be、Al、Zn、Mg 等合金元素的铜合金生产的。

车身修理所使用的大多数焊枪随着焊臂的加长,焊接压力会减小,焊接质量会下降。当配备 100mm 或更短的缩短型电极臂时,其最大焊接能力达两层 2.5mm 厚的钢板。一般要求配有加长型或宽距离电极臂的焊接机至少可焊接两层 1mm 厚的钢板。

用于整体式车身修理的电阻点焊机可带有全范围的可更换电极臂装置,能够焊接车身上各个部位的板件。各种电极臂的选用可以焊接汽车上的大多数难以焊接的部位,例如轮口边缘、流水槽、后灯孔、地板、车门槛板、窗洞、门洞和其他焊接部位。修理人员在进行车身焊接作业时,应查阅修理手册,寻找合适的专用电极臂,以便对汽车上难以焊接的部位进行焊接。

5)控制面板

电阻点焊机的正面控制面板如图 6-7 所示,在面板上可进行焊接电流的调节、焊接时间的调节、焊接功能的选择等操作。其背面也有操作开关及调整旋钮,一般进行工作气压的调节,如图 6-8 所示。

3. 挤压式点焊分类及特点

挤压式电阻点焊通常可以分为单面点焊和双面点焊两大类;在汽车车身构件的连接上有 90% ~95% 的焊接是用双面电阻点焊,也是目前在车身更换修复作业时的一种焊接方法,在操作过程中,应根据需要及时调整焊接电流、焊接(通电)时间和电极压力。

挤压式电阻点焊具有如下特点:

1)优点

(1)因是内部热源,热量集中,加热时间短,在焊点形成过程中始终被塑性环包围,故电阻点焊冶金过程简单,热影响区小,变形和应力很小,易于获得质量较好的焊接接头。焊后不必校正和热处理。

(2)焊接速度快,只需 1s 甚至更短时间便可焊接 4 ~5 个焊点。不同材质的钢板焊接时受热范围小,焊接强度高,金属不易变形,焊接效率高。

(3)除消耗电能外,电阻点焊不需要填充材料,不消耗焊丝、焊条和气体等,因此材料成本较低。

(4)点焊结构与铆接结构相比,质量轻,结构简单,焊接易于施工形状比较复杂的构件。减轻车体结构质量不但节省金属,还能改进结构承载能力、减少动力消耗、提高运行速度。

(5)操作简便,焊接时不必去除一些金属保护层,不必对焊缝进行特殊处理,能有效地保护金属焊件,易于实现机械化、自动化,减轻劳动强度。

(6)改善劳动条件和工作环境,焊接过程不产生气体、焊渣、蒸气,对环境污染小,不会对操作人员造成危害。

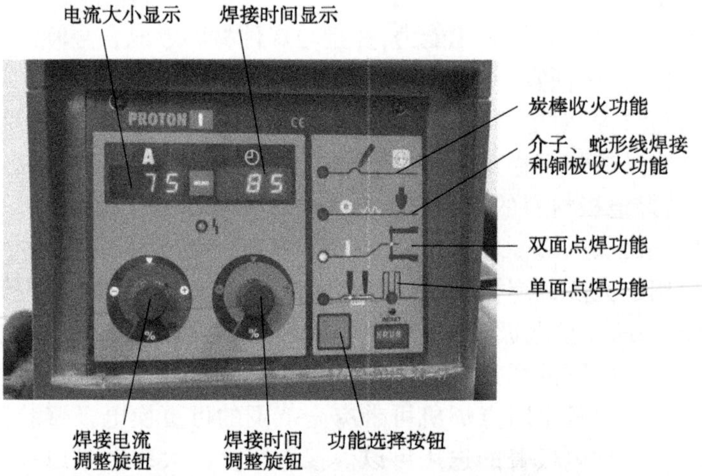

图 6-7　电阻点焊机正面控制面板

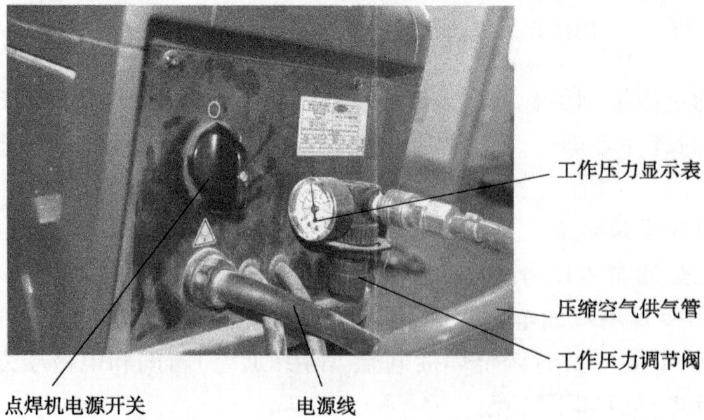

图 6-8　电阻点焊机背面结构

(7)表面质量好，易于保证气密性。采用点焊或缝焊连接，可获得较好的表面质量，避免金属表面的损伤。焊点外形美观，与汽车制造过程中的焊点外观相同。

2)缺点

(1)由于焊接在短时间内完成，需要用大电流及高电极压力，因此焊机功率要大，其价格比一般弧焊机贵数倍至数十倍。成本高，维修困难。

(2)灵活性、方便性不如焊条电弧焊机等。

(3)焊件的尺寸、形状、厚度受到设备条件的限制。

(4)目前尚缺少简单而又可靠的无损伤检验方法。

(5)两板间熔核周围易形成尖角，导致抗拉强度和抗疲劳强度较低。

(6)某些焊接存在电磁辐射的问题。

4. 不同材质的点焊方法

1)镀锌钢板的点焊

镀锌钢板大致分为电镀锌钢板和热浸镀锌钢板，前者的镀层比后者薄。

点焊镀锌钢板用的电极，推荐用2类电极合金。点焊外观要求很高时，可以采用1类合金。推荐使用锥形电极形状，锥角120°～140°。使用焊钳时，推荐采用端面半径为25～50mm的球面电极。

为提高电极使用寿命，也可采用嵌有钨极电极头的复合电极，以2类电极合金制成的电极体，可以加强钨电极头的散热。

2)低碳钢的点焊

低碳钢的含碳量低于0.25%。其电阻率适中，需要的焊机功率不大；塑性温度区宽，易于获得所需的塑性变形而不必使用很大的电极压力；碳与微量元素含量低，无高熔点氧化物，一般不产生淬火组织或夹杂物；结晶温度区间窄、高温强度低、热膨胀系数小，因而开裂倾向小。这类钢具有良好的焊接性，其焊接电流、电极压力和通电时间等工艺参数具有较大的调节范围。

5. 不等厚度工件的点焊方法

对不等厚度的材料进行点焊时，熔核将不对称于其交界面，而是向厚板或导电、导热性差的一边偏移，偏移的结果将使薄件或导电、导热性好的工件焊透率减小，焊点强度降低。熔核偏移是由两施焊工件产热和散热条件不相同而引起的。厚度不等时，厚件一边电阻大、交界面离电极远，故产热多而散热少，致使熔核偏向厚件。

调整熔核偏移的原则是：增加较薄板或导电、导热性好的工件的产热而减少其散热。其常用的方法有：

(1)使工件间接触电阻产热的影响增大，电极散热的影响降低。电容储能焊机采用大电流和短的通电时间就能焊接厚度差比较大的工件就是明显的例证。

(2)采用不同接触表面直径的电极，在薄板或导电、导热性好的工件一侧采用较小直径，以增加这一侧的电流密度，并减少电极散热的影响。

(3)采用不同的电极材料，薄板或导电、导热性好的工件一侧采用导热性较差的铜合金，以减少这一侧的热损失。

(4)采用工艺垫片。在薄板或导电、导热性好的工件一侧垫一块由导热性较差的金属制成的垫片(厚度为0.2～0.3mm),以减少这一侧的散热。

6. 电阻点焊常见质量问题(焊点质量、焊接结构缺陷)及原因分析

电阻点焊的焊接质量往往可以通过焊点的形状、颜色来反映,良好的焊点如图6-9所示。

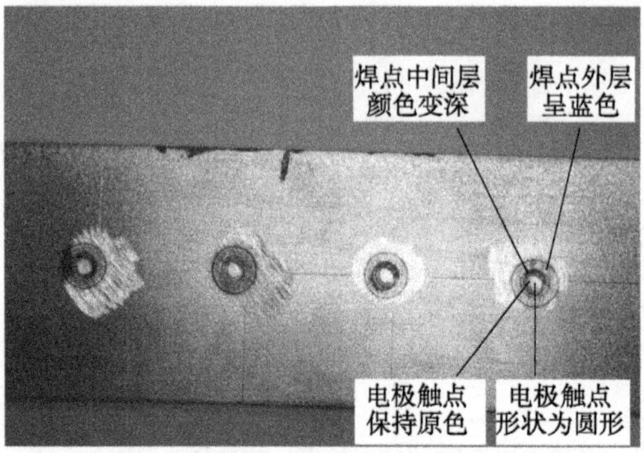

图6-9 良好的焊点

1)熔核尺寸缺陷

(1)未焊透或尺寸小。原因:电流小;通电时间短;电极接触面大;表面清理不良。

(2)焊透率过大。原因:电流过大;通电时间过长;电极冷却条件差。

2)外部缺陷

(1)焊点压痕过深及表面过热。原因:电极接触面小;电流过大;通电时间过长;电极压力不足;电极冷却条件差。

(2)表面局部烧穿、溢出、表面飞溅。原因:电极太尖;电极压力不足或焊件表面有异物或电极与焊件虚接触。

(3)焊点表面径向裂纹。原因:电极加压不及时或压力不足;电极冷却条件差。

(4)焊点表面环形裂纹。原因:焊接时间长。

(5)焊点表面粘损。原因:电极材料选择不当;电极端面倾斜。

(6)焊点表面发黑。原因:电极、焊件表面清理不良;电流过大;通电时间过长;电极压力不足。

(7)接头边缘压溃或开裂。原因:边距过小;电极未对中。

(8)焊点脱焊。原因:焊件刚度大且装配不良。

3)内部缺陷

(1)裂纹、缩孔。原因:焊接时间过长;压力不足;加压不及时。

(2)熔核偏移。原因:参照前面已讲述内容。

(3)结合线伸入。原因:表面氧化物未清除干净。

(4)环形层状花纹。原因:焊接时间过长。

(5)气孔。原因:焊件表面不净。

4)电阻点焊焊接结构常见缺陷

(1)焊点间板件起皱或鼓起。原因:装配不良;板件间隙过大;焊序不当;机臂刚度差。

(2)搭接边错移。原因:未定位就点焊或焊得不牢;定位焊点间距过大;夹具未夹紧。

(3)焊件翘曲。原因:装配不良;板间间隙过大;参数不当;冷却不良;焊序不当。

二、任务实施

1. 施工程序

在任务实施过程中,首先要知道电阻点焊焊接的施工程序,如图6-10所示。

2. 焊接前的准备

1)安全防护

点焊焊接作业中会有火花和炙热的颗粒溅出，为保障操作人员的安全，在点焊施工过程中，应对操作人员的着装有严格的要求，并对操作人员经常进行安全教育和安全培训，使操作人员具有必要的安全知识，同时也是保证焊接质量的必要措施。因此操作人员在进行点焊工作之前必须穿戴好工作帽、护目镜、工作服、皮手套、安全鞋等。

2）挤压式电阻点焊机的检查和调整

（1）选择电极臂。根据需要焊接的部位来选择电极臂。一般电阻点焊机都带有适合各种位置的、可供替换的电极臂，其实物如图6-11所示，各种电极臂及适用场合举例，如图6-12所示。

（2）调整电极臂。为获得最大的焊接压力，焊枪的电极臂应尽量缩短，如图6-13所示。将焊炬电极臂和电极头完全拧紧，使它们在工作中不至于松脱。

（3）将两个电极头对准，将上、下两个电极头对准在同一条轴线上，如图6-14所示。电极头对准状况不好将引起加压不充分，造成电流过小，降低焊接部位的强度。

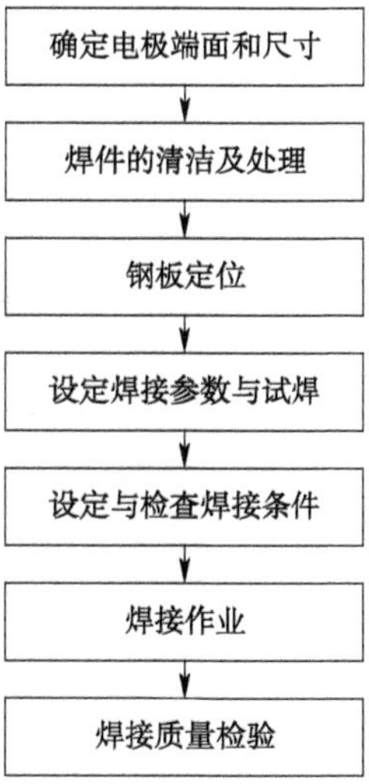

图6-10　电阻点焊焊接的施工程序

（4）电极头的直径增加，点焊的直径将减小。必须适当控制电极头直径（如图6-15所示），以获得理想的焊接深度。开始操作前，先弄清楚电极头直径是否合适，然后用锉刀将它锉光，以便清除电极头表面的燃烧生成物和杂质。电极头端部杂质增加，该处的电阻也随之增加，将会减少流入母材的电流并减少焊接熔深，导致焊接质量下降。经过长时间的连续使用以后，电极头端部将不能正常地散热而造成过热。如有必要，可每进行5～6次焊接后，让电极头端部冷却，如果电极头端部已被损坏，要用电极头端部清理工具进行整形，如图6-16所示。

3）清除旧漆膜及表面清洁

（1）焊接金属表面的处理。焊接的工件表面如果有油漆、锈迹、灰尘或其他污物，都会减少电流强度而使焊接质量降低，所以应将这些物质从焊件的表面清除干净，如图6-17所示，以使电流畅通。为保证焊接质量，工件搭铁处必须进行表面处理，以保持良好的通电状态。

（2）焊接表面的防腐处理。焊接部位接触面在焊接完成后不易喷涂漆层，为了保证车身寿命和车身钢板的防锈处理的需要，焊接前两板件的焊接面必须实施防锈处理。应在需要焊接的金属板表面上涂一层导电系数较高、透焊的防锈底漆，将防锈底漆均匀地涂在所有裸露的金属板面上。如图6-18所示。

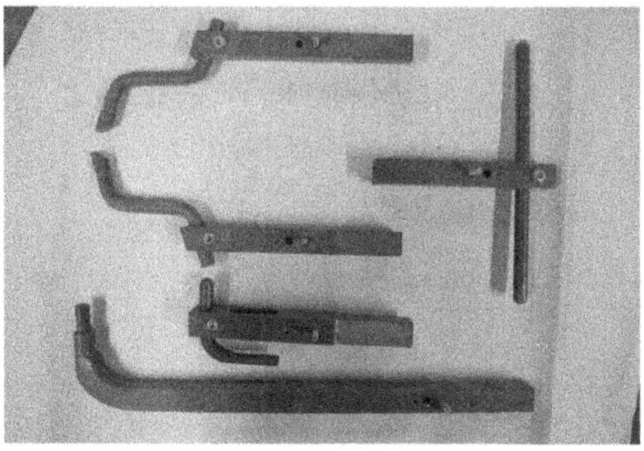

图6-11　电极臂实物

①以擦拭纸蘸湿除油剂。

②用擦拭纸擦除钢板面的油污。

③在脱脂剂挥发前，使用干抹布擦拭钢板的油污。

（3）磨除旧漆膜。把焊接区域的旧漆膜打磨掉，以使电流能够顺利地通过钢板，从而达到更好的焊接效果，如图6-19所示。

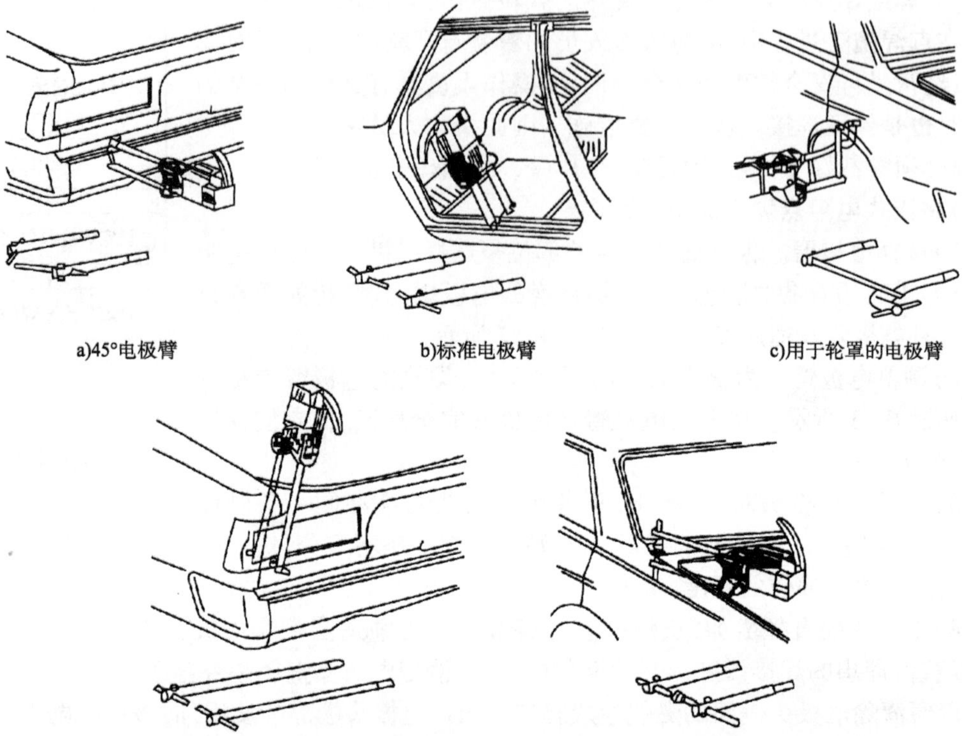

a)45°电极臂　　b)标准电极臂　　c)用于轮罩的电极臂

d)长电极臂　　e)旋转电极头

图 6-12　根据焊接部位选择适当形式的电极臂

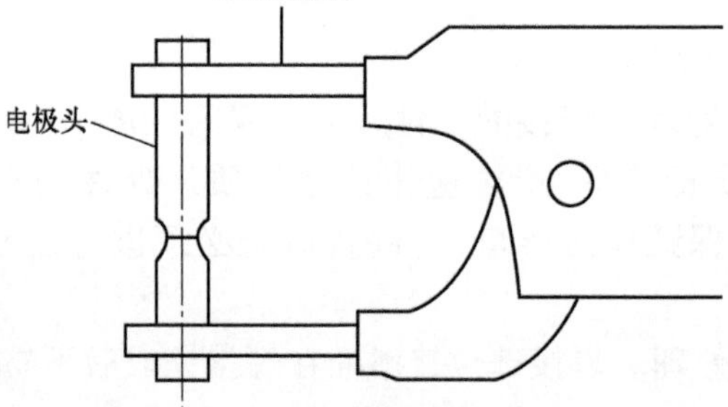

图 6-13　电极臂的调整

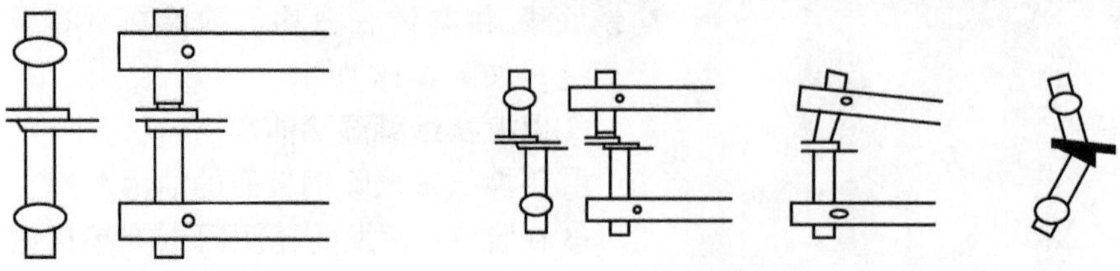

a)正确　　b)错误

图 6-14　压紧钢板的电极调整

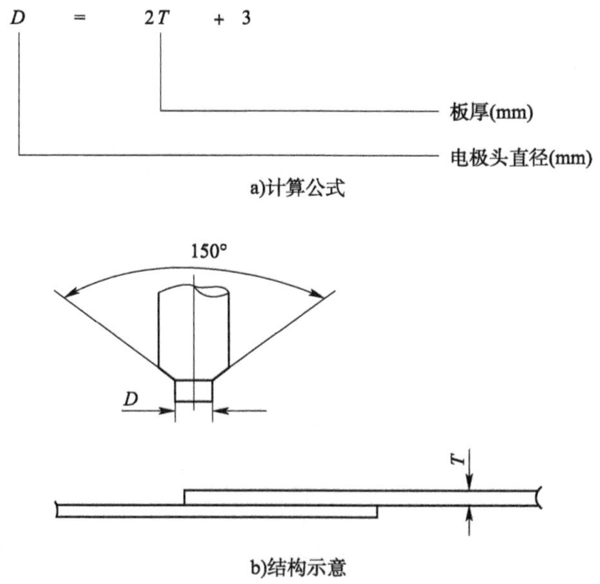

图6-15　确定电极头直径的方法

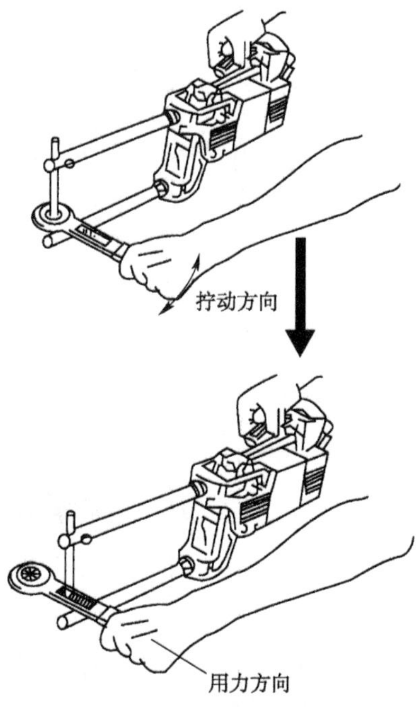

图6-16　对电极头端部进行整形

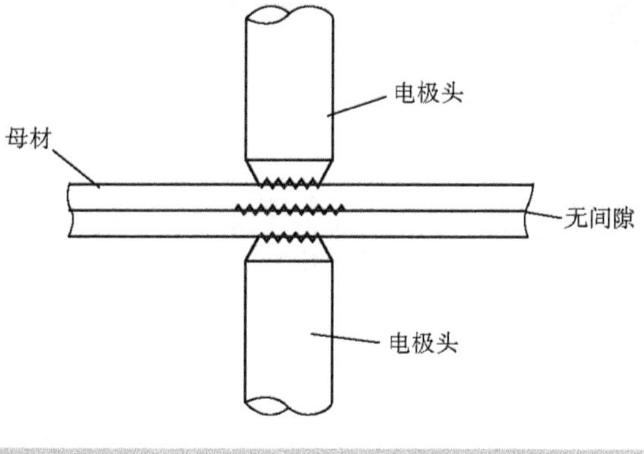

图6-17　母材表面的状态

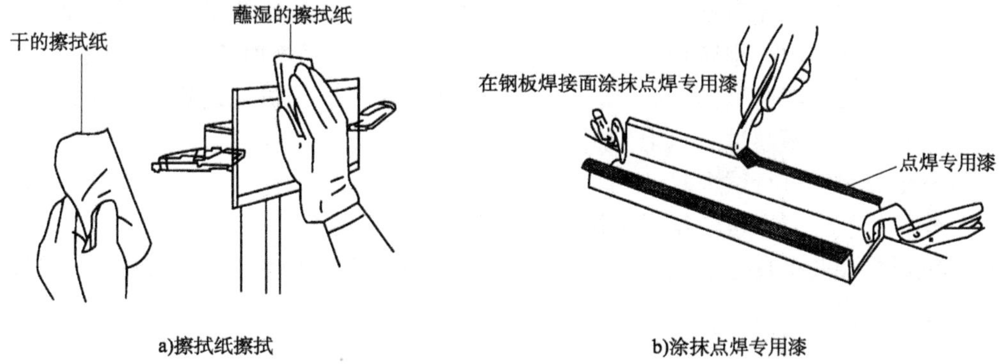

图6-18　擦拭纸的使用及点焊专用漆的涂抹

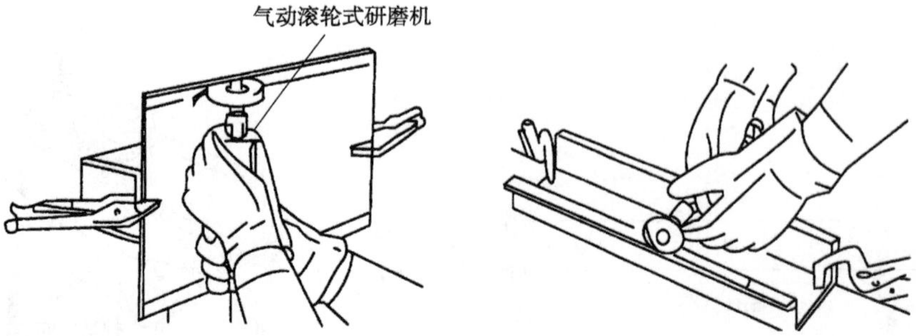

图 6-19　磨除旧漆膜

注意

在进行旧漆打磨处理时应选用合适的打磨工具,尽可能地避免损伤工件的金属板面。

(4)表面清洁。表面处理的方法主要是用空气枪吹去打磨后的粉尘,或用抹布擦掉粉尘。表面如有油脂,应用抹布蘸上除油剂或天那水进行清除;如有密封胶和防水涂料等,应用热风枪或刮刀清除。

4)焊件的整平

焊接时,两个焊件表面之间如果留有任何间隙,都会影响电流的通过,造成电流分流,因此要对焊件进行充分整平。

3.点焊焊接施工

1)钢板定位

钢板定位是为了焊接时使工件不易挪位,保持设计的尺寸,同时使两焊件的表面有很好的结合,以达到良好的焊接效果。因此在操作中要保证钢板表面平整并且要求钢板间隙尽量吻合。

具体操作时,先将板件进行尺寸定位,周边间隙用比照法进行调整,在得到确认后再用大力钳将其固定。

2)焊接参数的设定与施焊

电阻点焊机的操作相对比较简单,开始进行焊接时,操作人员必须手握焊枪,使电极头与车身上需要焊接的部位相接触。然后通过加压机构从板件两侧加压。加压后加压结构便向焊接机控制器发出电信号,电信号能接通焊接电流并维持一个事先设置的时间,然后切断电流。焊接时间一般不超过1s,因此整个过程完成得非常迅速。

使用电阻点焊机进行试焊时,根据金属板的厚度来调节电极臂的长度以及焊接时间,以便得到最佳的焊接效果。可依据焊接机说明书的数值进行调节。

点焊机焊接要获得良好的接合强度,需要正确地调整焊接参数:焊接时的焊点压力、焊接电流和通电时间。

(1)焊点压力。不同压力所产生的后果如图6-20所示。当焊点的压力过小时,焊接时会发出轻微的声音,板面上没有什么变化,同时伴有大量的火花产生;当焊点压力过大时,焊接时会发出沉闷的声音，板面上会出现较深的焊坑，没有火花出现。

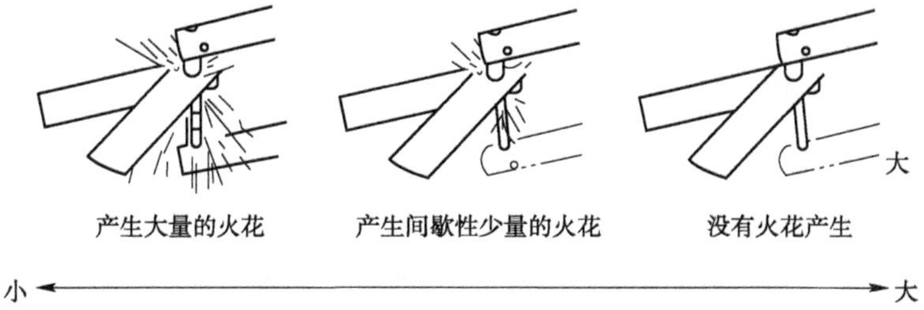

图 6-20　压力大小比较

(2)焊接电流和通电时间。查阅点焊机操作手册，根据钢板的厚度和材料来调整焊接电流和通电时间。如图 6-21 所示。

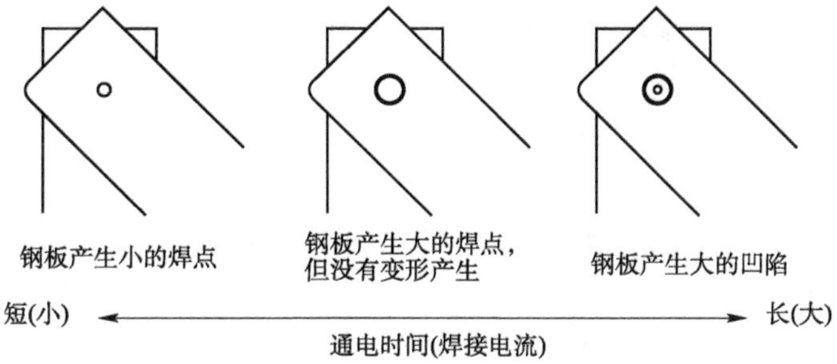

图 6-21　通电时间和焊接电流的调整

初步选定电极压力和焊接时间，然后调节焊接电流，以不同的电流焊接试样，在检查熔核直径符合要求后，再于适当的范围内调节电极压力、焊接时间和电流，进行试样的焊接和检验，直到焊点质量完全符合技术条件的要求为止。

表面有镀层的零件的点焊，由于镀层金属的物理化学性能不同于零件金属本身的性能，必须根据镀层性能选择点焊设备、电极材料和焊接工艺参数，尽量减少镀层的破坏。

对车身上的防锈钢板进行焊接时，应将焊接普通钢板的电流强度提高 10% ~20%，以弥补电流的损失。若无法调节电流强度，可将通电时间稍作延长。

3)焊接条件的设定与检查。

(1)尽量采用双面点焊的方法，对于无法进行双面点焊的部位，可采用二氧化碳气体保护焊中的填孔焊进行焊接，而不能用单面点焊来焊接车身结构性板件。

(2)电极与金属板之间的夹角应呈 90°，使电极头与板件表面保持垂直，如果这个角度不正确，电流强度便会减弱，造成焊接接头强度降低。

(3)对于三层或更多层金属板的点焊，应分两次或多次进行，同时加大焊接电流。

(4)修理厂用的点焊机的功率一般都比汽车制造厂的小。因此，和制造厂相比，修理厂进行点焊时，应将焊点数量增加 30%。

(5)电阻点焊的强度由焊点间距(两个焊点之间的距离)和边缘距离(焊点到金属板边缘的距离)来决定，两块金属板之间的接合力随着焊接间距的缩短而增大，但是，焊点间距小到一定程度后如果再减小，板件的连接强度也不会再增大，因为电流会流向以前的焊点。随着焊点数量的增加，电流分流也会增多，而这种分流出的电流又不会使焊点的温度升高。焊点的间距大小应控制在不致形成支路电流的范围内，一般要遵循表6-1给出的值。

比如板厚1mm碳钢板，焊点间距可取14mm。

焊点间距的参考值 表6-1

板厚(mm)	焊点间距(mm)	焊点到边缘距离(mm)
0.4	≥11.0	≥5.0
0.8	≥14.0	≥5.0
<1.2	≥18.0	≥6.5
1.2	≥22.0	7.0
1.6	≥29.0	≥8.0

(6)边缘的距离也是由焊接电极头的位置决定的。即使焊接的情况正常，但如果边缘距离不足，焊接强度也不够，在靠近板件断面焊接时，焊件到金属板的边缘距离应遵循表6-2给出的值。这个距离太小则会导致焊接强度不够并引起板件变形。

比如板厚1mm碳钢板，距离可取12mm。

焊点到板端的距离 表6-2

板厚(mm)	最小距离(mm)	板厚(mm)	最小距离(mm)
0.4	≥11.0	1.2	≥14.0
0.8	≥11.0	≥1.6	≥16.0
<1.2	≥12.0	2.0	≥17.5

(7)检查焊接条件。

①对于焊接相同材质、厚度的试板进行点焊，如图6-22所示，焊好后再进行破坏检查。

②一般首先采用扭转的方式测试焊接强度，如图6-23所示，扭转使两块板分离后，要在其中一块板上留下一个与焊点直径相同的孔，如果孔过小或根本没有孔，说明焊接强度太低，需要重新调整焊接参数。然后，再采用撕裂的方式检查，即将焊好的板件的其中一块夹紧在虎钳上，用大力钳将另一块板强行撕下，撕裂后在其中一块板上留下一个大于焊点直径的孔，如果留下的孔过小或根本没有孔，说明焊接强度太低，也需重新调整焊接参数。

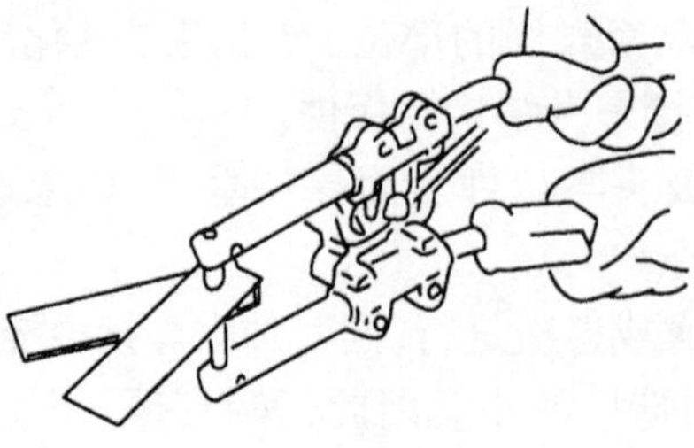

图6-22 试板焊接

图6-23 破坏试验

(8)电极与钢板表面必须保持约90°的焊接角度，如图6-24所示。

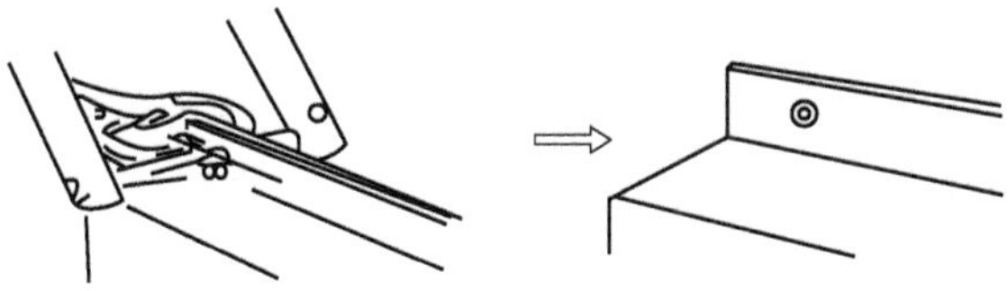

a)正确，焊点呈圆形

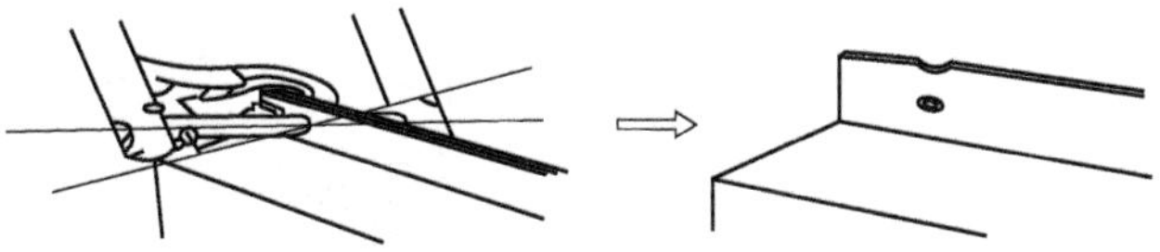

b)错误，焊点不圆

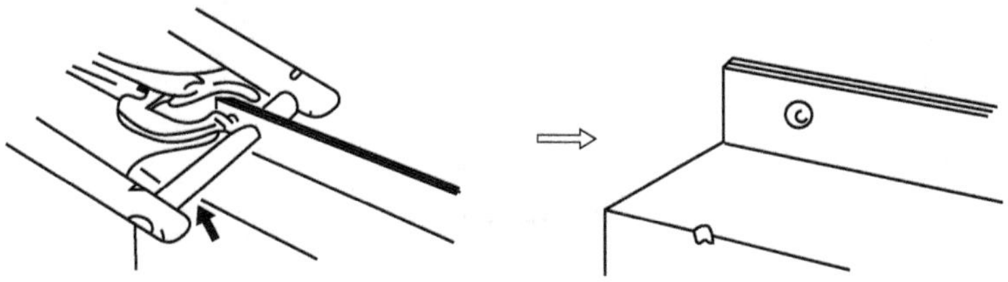

c)错误，焊伤工件的其他部位

图 6-24　焊接角度

(9)连续点焊的三个重要因素是焊接间距、边距和电极冷却。

①焊接间距:保持适当的焊接间距,如图 6-25 所示。

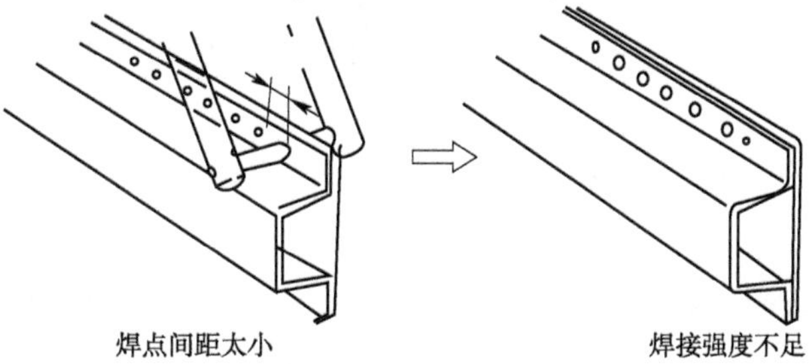

图 6-25　焊接间距

②边距:保持适当的边距,如图 6-26 所示。

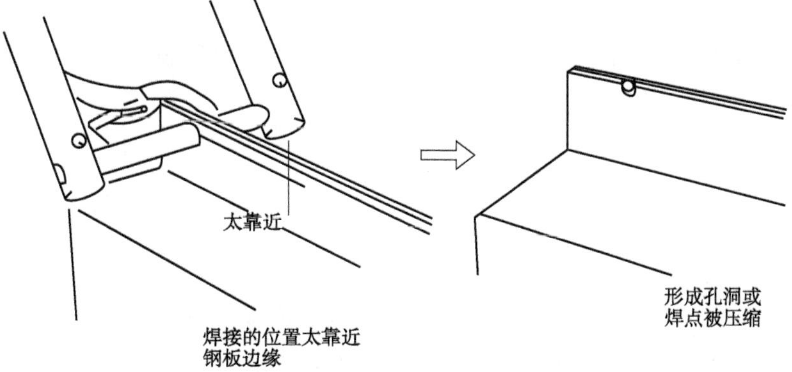

图 6-26　焊点与边缘的距离

③电极冷却。

点焊是利用钢板的电阻热将两片钢板接合在一起。连续焊接数个焊点后，热量将传导并堆积于电极与焊接夹臂上。要每隔一段时间使用压缩空气或水冷却电极，如图6-27所示。

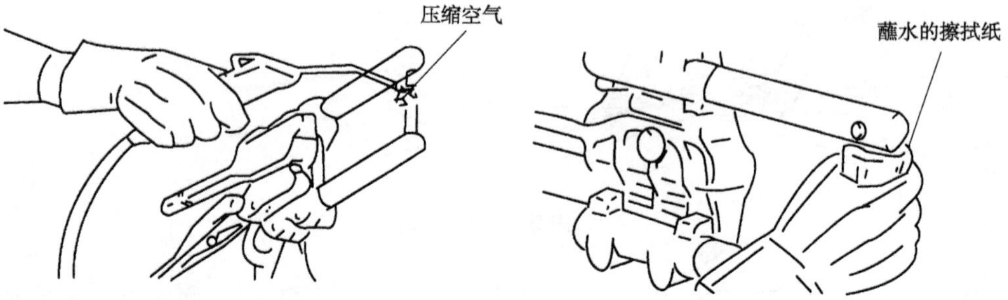

图6-27　电极冷却方法

当电极与焊接夹臂的温度升高时，焊接电流将变小或导致电极提早磨损，因此难以获得好的焊点，如图6-28所示。

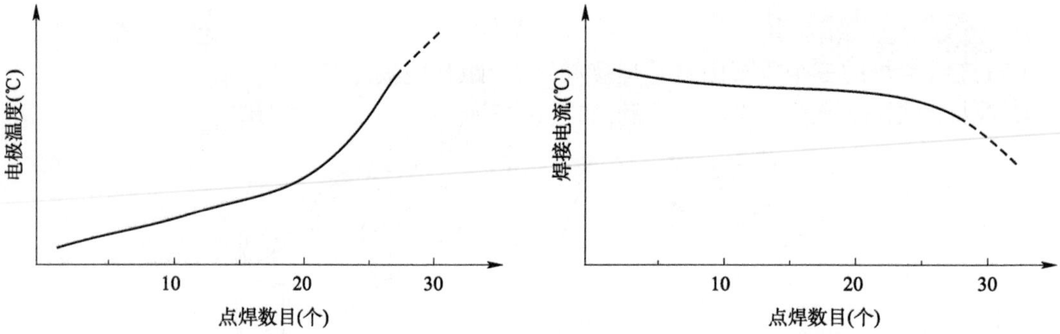

a)电极温度与焊点数量关系　b)焊接电流与焊点数量关系

图6-28　电极温度、焊接电流分别与焊点数量的关系

但现在好的电阻点焊机都有独立的水冷系统，无须进行人工冷却，一般也不会造成焊接电流的变化。

(10)点焊参数应用举例。1mm厚的低碳钢板的点焊参数见表6-3。

点焊参数应用参考　表6-3

点焊材料	焊接电流	焊接时间	电极压力	电极端部直径
低碳钢(1mm)	7.2kA	17周波	1.5kN	6.4mm

4)点焊作业

点焊时要安排好正确的焊接顺序。

(1)点焊作业顺序。点焊作业时，不要只沿一个方向连续进行点焊，这种方法会使电流产生分流而降低焊接质量，应按正确的顺序进行焊接，如图6-29所示。如果电极头过热而改变颜色时，应停下来使之冷却。

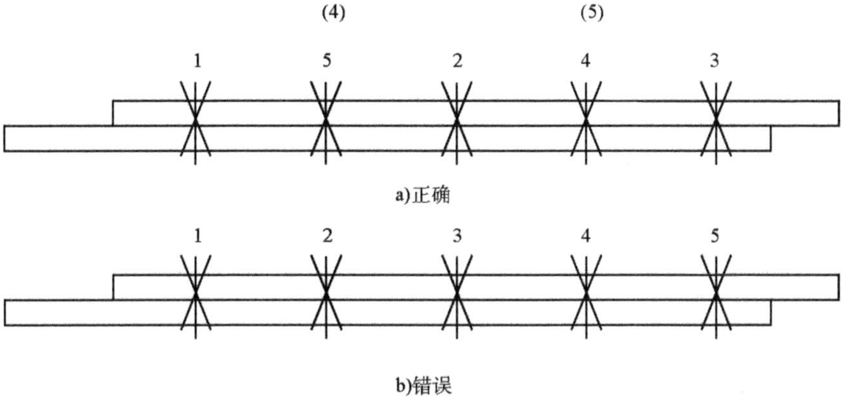

图6-29 电阻点焊焊接顺序

(2)转角部位的焊接。不要在转角的半径部位进行点焊,如图6-30所示,否则会因为焊接时产生应力集中而导致开裂。如前支柱和中心支柱的上部顶角,后顶侧板的前上方角落,前、后窗框的转角部位等需特别注意。

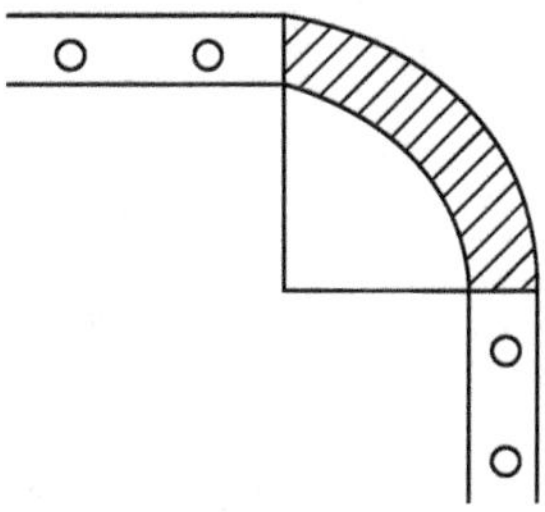

图6-30 转角部位的正确焊接方法

(3)电流的调整。在进行电阻点焊作业时,电流通过第一个与第二个焊点的电流强度不同,特别是在两层板之间涂有防锈漆时,导电系数降低的情况下,第二个焊点流过的电流会小一些,造成第二个焊点的强度下降,如果电流调大后焊接,会造成第一个焊点电流过大。一般在正常焊接完第一个焊点后,再把电流适当调整大一些后再进行焊接,这样才能使得两个焊点的焊接强度一致。

5)焊接质量检查

焊点的质量检查,可采用目测外观检验或非破坏性试验两种手段。目测外观检验只是通过外观的几个基本标准来判断检查焊接质量,非破坏性试验则是检验焊接强度的基本手段。

(1)目测外观检验。通过外观及触摸来检验挤压式电阻点焊的焊接质量与粗糙度。以下几个方面的检验内容,可供检验时参考:

①焊点位置。焊点应处在板缘的中间,无电极头压力过大引起的孔洞,板缘上应无焊点,也不得在原焊点上进行焊接。

②焊点数量。因修理厂的焊机功率比制造厂的焊机功率小,所以新焊点数应比原焊点数多30%以上(例如,4个原焊点,大致6个新焊点)。

③焊点间距。修理作业时的焊点间距应比原焊点间距稍短,且分布均匀。最小间距应以无支路电流形成为限。

④压痕(电极头在板件上留下的痕迹)。不应出现深度超过板厚一半的电极头压痕。电极头不得焊偏而产生透孔现象。

⑤气孔。在焊接的压痕上不应有大到足以看得见的气孔。

⑥飞溅。焊完后戴上手套在焊件表面上抚摸,如果擦过时被刮住,则说明焊接时飞溅物

现象太严重。

⑦评估焊接外观的完整性。外观优劣如图 6-31 所示，好的外观要求焊点表面干净而且压痕外观圆滑。

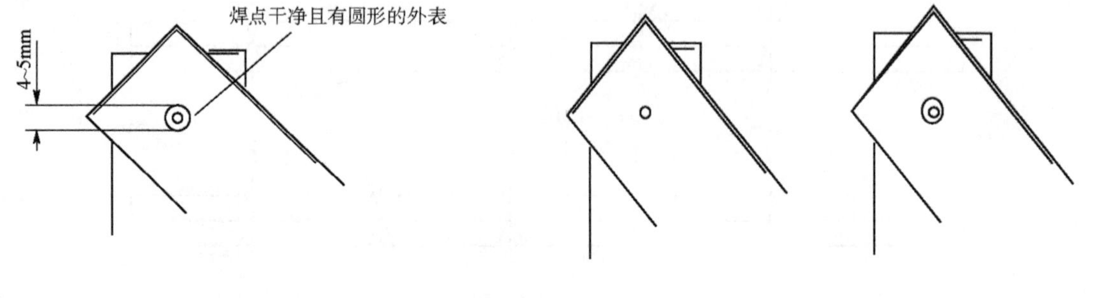

a)优　　b)劣

图 6-31　外观评估

(2)非破坏性检验。在工件点焊完工后，可用撬棒和手锤对焊件进行焊接的质量检验，具体操作如下：

①将撬棒插入如图 6-32 所示部位，即两焊件的中间，用手锤轻轻敲击撬棒的端部，直到两金属板之间形成 2 ~ 3mm 的间隙(金属板的厚度约为 1mm)，如果此时的焊点位置仍然保持正常没有分开，则说明所进行的焊接是成功的。这个间隙值由点焊的位置、凸缘的长度、金属板的厚度、焊接的间距以及其他因素来决定，这里提供的只是一个参考数值。

②如果两块金属板的厚度不同，操作时两块金属板之间的间隙限制在 1.5 ~ 2.0mm 的范围内，如果进一步下插撬棒，将变成破坏性试验。

③修复被撬开部位。如图 6-33 所示，检验完毕后，一定要把被撬的变形金属板修复好，具体操作方法是：一手拿衬铁，一手拿手锤将被撬开的部位进行敲击修复。

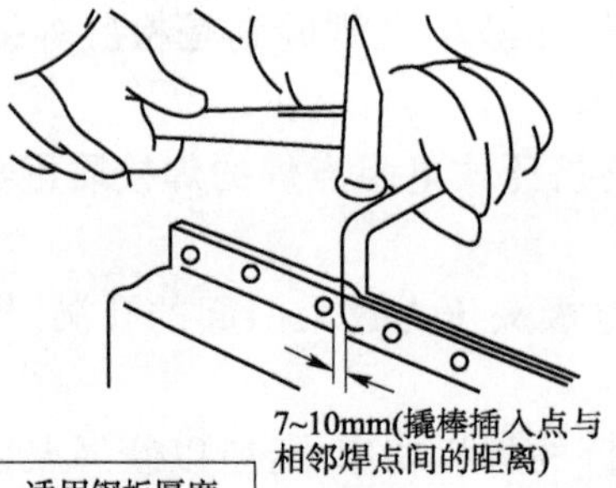

d(撬棒外圆直径)	适用钢板厚度
ϕ10	0.8~1.2mm
ϕ15	1.6~2.3mm

图 6-32　非破坏性检验

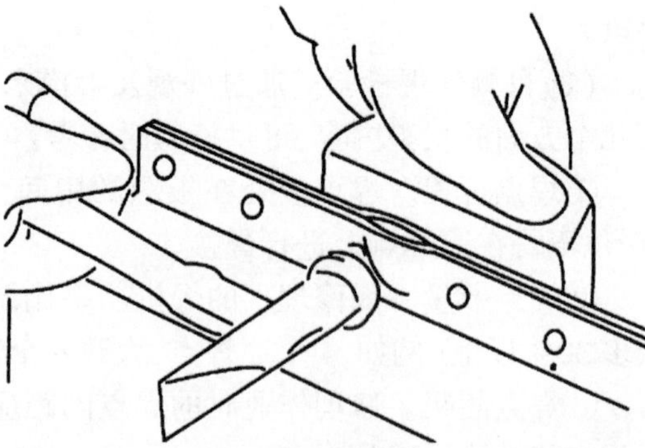

图 6-33　修复被撬开部位

4. 电阻点焊焊接注意事项

1)单面点焊操作中应注意的问题

(1)在进行单面点焊之前,应彻底清除焊件的表面,如果新的替换件上涂有底漆,要用粗砂纸磨掉金属板两面的底漆,并沿着焊缝打磨。如果金属板上涂的不是底漆而是防锈薄膜,只需用干净的抹布蘸一些溶剂将焊缝两边擦拭干净即可。

(2)用大力钳将所有的凸缘接头固定在一起,焊接部位应靠近钳口处。

(3)对于搭接接头,可用一些金属薄板螺钉对金属板进行定位,然后进行点焊。注意要除掉接头的油漆等污物,才可以进行焊接操作。

(4)在较长的拼接件上进行点焊时,要先从金属板的中间开始,然后沿着一个方向进行焊接。例如,从金属板的中间开始到门柱,然后再从中间开始到后灯部位进行焊接,这样会防止金属板的变形。

(5)要清除新切割的金属板上的毛刺,以确保两层金属板之间能够很好地接触。毛刺和凹痕会使两个相互配合的工件之间产生间隙,妨碍金属之间的可靠接触。

(6)不管单电极还是双电极的单面点焊都只能用在非结构性的工件焊接上,不能用于结构性工件的焊接。

2)双面点焊操作中应注意的问题

进行双面点焊时,也应注意单面点焊中的很多问题,如焊件表面的清洁、整平、定位夹紧、焊接顺序等,同时应注意以下几点:

(1)保证电极臂平行于被焊工件,如图6-34所示,这样才能保证焊痕的形状和焊接电流合适。

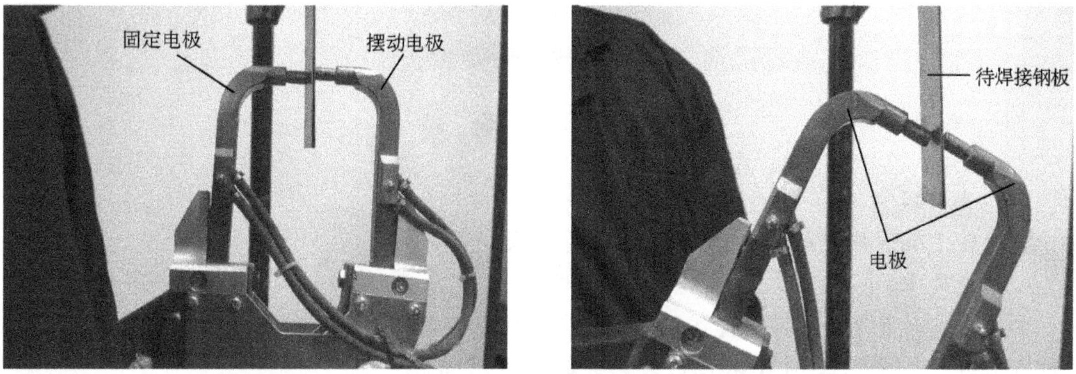

a)正确　　b)错误

图6-34　电极臂与焊件的角度

(2)焊机与供气管路的连接管要尽量短而粗,否则连接管过细、过长会导致气压损失过多,从而低于合理的气压,最终造成焊接缺陷。

(3)对于带有冷却系统的电阻点焊机,在放置焊枪时,要注意不能压住冷却软管,如图6-35所示,否则软管容易破裂。

(4)对于带有冷却系统的电阻点焊机,要经常检查冷却液液位高度,如图6-5所示,不足时要及时补充专用冷却液(没有专用冷却液的也可用纯净的水代替),但冬季要注意焊机的保暖,以防冷却液结冰。

a)正确

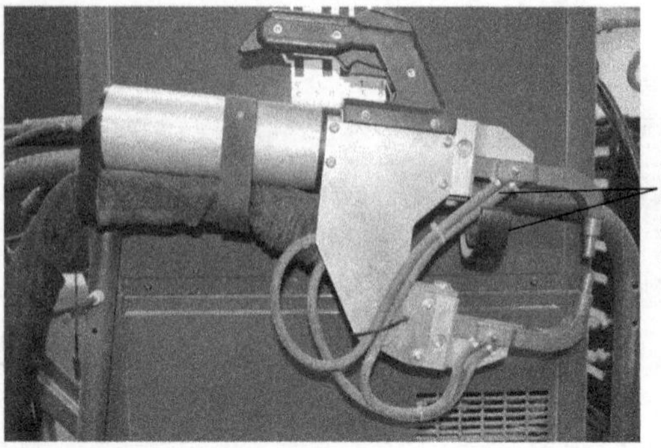

b)错误

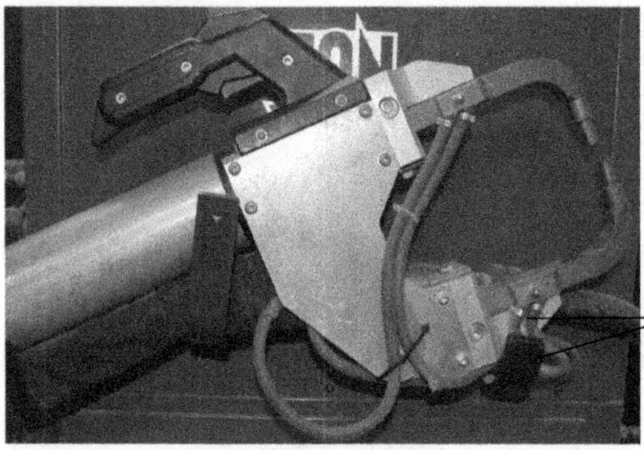

c)错误

图 6-35　焊枪放置方法

三、技 能 考 核

1. 作业内容

学生在 10min 内对提供的焊片进行电阻点焊。

2. 作业要求

共提供 4 片钢板，分别为 A 组和 B 组。其中按要求在 A 组钢板上焊接 5 个焊点；在 B 组钢板上焊接 1 个焊点，B 组的焊点需要做破坏性试验。

3. 考试设备及材料

电阻点焊机；薄钢板 200 × 50 × 1（单位：mm）

4. 评分标准

电阻点焊评分标准见表 6-4。

钢板电阻点焊评分标准　　表 6-4

序号	评分项目	配分	评判标准	得分
1	设备使用	10	设备调整、操作错误，一次扣 5 分	
2	A 组钢板焊点数量	10	共 5 个焊点，焊点数量错误扣 10 分	
3	A 组钢板焊点间距和位置	10	焊点与钢板边缘距离最小 20mm，焊点间隔 20 ~ 40mm。距离错误，每处扣 1 分	

续上表

序号	评分项目	配分	评判标准	得分
4	A组焊点外侧打磨	5	仅打磨焊点位置,否则每处扣2.5分	
5	A组焊点内侧打磨	5	仅打磨焊点位置,否则每处扣2.5分	
6	防锈处理	5	防锈底漆涂抹均匀,无金属表面裸露,否则扣5分	
7	A组钢板焊接	5	焊接顺序不正确扣5分	
8	A组钢板焊接缺陷	25	若出现熔穿孔、气孔、飞溅物、焊痕颜色全部变蓝、焊痕明显不圆、焊痕深度过大(超过板件一半)等焊接缺陷,每处扣5分	
9	B组焊点质量检查	15	将两层钢板撕开,检查焊点是否牢固,残留焊点直径不应小于5mm,否则扣15分	
10	安全防护用品使用	5	未使用或错误使用防护用品,扣5分	
11	5S	5	考核结束未整理,摆放杂乱,扣5分	
12	考核时间	—	考核时间为20min,超过规定考核时间停止操作	
分值合计		100		

四、评价反馈

1. 自我评价

(1)通过本任务的学习你是否已经掌握以下问题:

①钣金维修中什么情况下需要进行电阻点焊?

②电阻点焊机的基本组成和工作原理是什么?

③如何调节电阻点焊机上的调整开关(旋钮)?

④电阻点焊有哪些技术要求?

⑤如何检验电阻点焊焊接质量?

⑥电阻点焊作业时如何做好安全防护？

⑦如何调整电极？

(2)你是否已经掌握了电阻点焊机的正确操作技能？

(3)实训过程完成情况。

评价：

(4)工作中的安全防护是否规范？

评价：

(5)能否积极主动参与工作现场的清洁和整理工作？

评价：

(6)在完成本学习任务的过程中，你是否主动帮助过其他同学？并和其他同学探讨电阻点焊的有关问题？具体问题是什么？结果是什么？

(7)通过本学习任务的完成，你认为自己在电阻点焊实操时哪些方面还有待进一步改善、提高？

签名：＿＿＿＿＿＿ ＿＿＿年＿＿＿月＿＿＿日

2. 小组评价

小组评价见表6-5 。

小 组 评 价 表6-5

序号	评 价 项 目	评 价 情 况
1	学习态度是否积极主动	
2	是否服从教学安排	
3	是否达到全勤	
4	着装是否符合要求	

续上表

序号	评价项目	评价情况
5	是否合理规范地使用仪器和设备	
6	是否按照安全和规范的规程操作	
7	是否遵守学习、实训场地的规章制度	
8	是否积极主动地和他人合作、探讨问题	
9	是否能保持学习、实训场地整洁	
10	团结协作情况	

参与评价的同学签名：____________　　______年______月______日

3. 教师评价

____

____

教师签名：____________　　______年______月______日

学习任务7　塑料件的焊接修理

学习目标

1. 能够正确叙述塑料的焊接原理和特点；
2. 掌握热空气塑料焊机使用方法；
3. 能够正确叙述塑料焊接的要点；
4. 能分辨塑料件材料的种类；
5. 掌握一个典型车身塑料件的焊接修理过程。

任务描述

以保险杠的焊接为例，分析塑料件的材质判断、塑料的焊接特点、焊接流程和焊接注意事项，在做好安全防护的前提下，能独立完成受损保险杠的手工焊接。

学习引导

本学习任务沿着以下脉络进行学习：

塑料件的材质辨认→塑料焊接设备的分类、结构→塑料焊接安全防护→塑料焊接的坡口制作工艺→保险杠的裂缝焊接→保险杠的锁扣焊接→打磨焊疤→讨论并分析任务实施中所遇到的问题→技能考核→评价反馈。

一、相关知识

在现代汽车上，到处可以看到塑料制件。据统计，目前平均每辆汽车的塑料用量已占汽车自重的5% ~ 10%，随着汽车轻量化的要求和塑料加工技术的进一步提高，塑料在汽车中的用量还会进一步增加。

汽车用塑料分为两种：热固性塑料和热塑性塑料。塑料焊接只是针对热塑性塑料，而热固性塑料是不可焊接的，这是塑料焊接修理前必须明确的一点。

在车用塑料中，居前七位的塑料材料品种与所占比例大致为：聚丙烯21%、聚氨酯19.6%、聚氯乙烯12.2%、热固性复合材料10.4%、ABS 8%、尼龙7.8%、聚乙烯6%。

汽车上常用塑料的种类、特性及用途等见表7-1。

汽车上常用塑料的特性及应用　　表7-1

名　称	ISO识别码	特　性	用　途	颜　色	备　注
聚丙烯	PP	柔软，有弹性，不易断裂	保险杆，工作台，车内饰板，车门内饰板	白色，黑色	不可从旧件上取料作焊条
丙烯腈－丁二烯－苯乙烯	ABS	硬度高，易折断，杂质少，不易变形，焊接牢靠	镀铬件，桃木件，格栅，手把	白色，奶油色	可从旧件上取料作焊条
聚酰胺6（尼龙6）	PA6	硬度高，耐高温，易折断，易老化，焊接牢靠	水箱，水管头，保险盒，插接头	黑色	可从旧件上取料作焊条
聚甲醛	POM	柔软，结实，不易老化	膨胀水箱，油箱，遮阳板	白色，黑色	不可焊接

1. 塑料的焊接原理及特点

塑料焊接是利用热量把塑料基料和焊条加热或单独把焊条加热至熔融状态后使之连接（黏结）在一起。塑料的焊接特点是：因塑料的导热性极差，使其在焊接过程中很难保持热量的均匀性。加热时，塑料的表面已经软化而表层下面没有软化，若继续加热，可使塑料的软化幅度加大，但表层已经烧焦。因此，塑料焊接都是采用非明火加热，如热空气加热焊接、无空气加热焊接和超声波焊接等。

维修中一般都采用热空气加热焊接。热气焊过程中，作为焊接热源载体的气体，最常用的是压缩空气，因为它价格低廉，在很多情况下能获得令人满意的结果。氮气用于对氧化敏感的塑料如聚乙烯（PE）的焊接。

钢铁焊接时，金属焊接和焊条是在互熔冷却后连接在一起的。而塑料焊接只是在熔融状态下粘接在一起的，所以其焊接强度远不如钢铁焊接。

塑料焊接时，为了达到好的结合力，对塑料焊条要施加压力。操作特点：是一只手加热焊条，另一只手给焊条施加压力。

2. 热空气塑料焊接设备

1）焊接设备

热空气塑料焊接是利用加热元件把具有一定压力的空气加热到230～340℃后，通过喷嘴喷射到塑料上。典型的热空气塑料焊机及各种焊嘴如图7-1所示。焊接时，可根据需要选择不同的焊嘴。

（1）定位焊嘴。定位焊嘴主要用于断裂板件或长的焊缝在真正焊接前的定位焊。进行定位焊时，必须将断口对准、固定，不使用焊条，而是将喷嘴头压紧在断口底部，使两侧板件同时熔化形成定位焊点。必要时还可断开重新进行定位。

（2）圆形焊嘴。圆形焊嘴焊接速度较慢，比较适合小型件和复杂件上短焊缝的焊接，尤其适合焊填小的孔洞，以及尖角部位和难以靠近部位的焊接。

（3）加速焊嘴。加速焊嘴主要用于长而直的焊缝。加速焊嘴夹持着焊条，并对焊条和焊件进行预热。一旦开始焊接、焊条自动进入预热管，由焊嘴端部的尖形加压掌（导门板）向焊条施加压力，所以用一只手就可完成操作，热量和压力均衡，而且焊缝更加均匀一致，焊接速度也提高很多，平均速度可达1000mm/min。

2）热空气塑料焊机的使用规则

不同的设备制造商提供的热空气塑料焊机不会完全相同，因此关于焊机调整、停机及使用程序最好查看制造商的使用说明书，下面给出的是一般的使用规则：

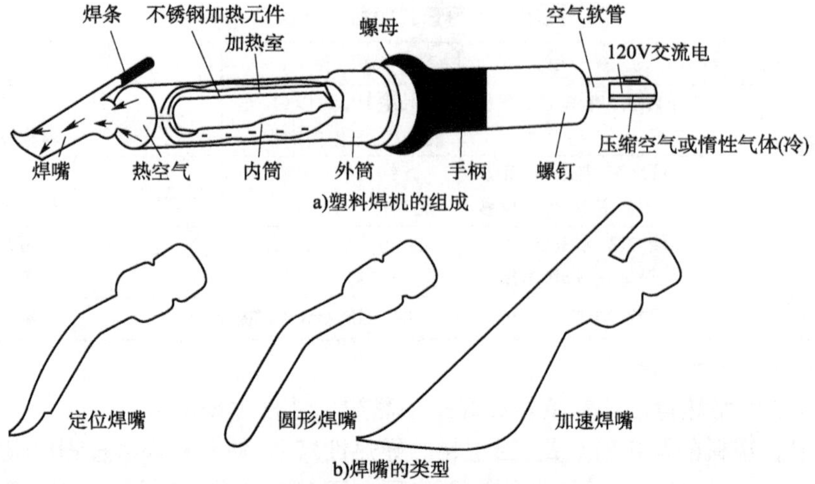

图 7-1 热空气塑料焊机组成及各种焊嘴

(1)选择和安装焊嘴。根据需要选择好焊嘴,并将焊嘴安装在焊机上。

(2)接通气源。将气源、压力调节器及软管与焊机连接,初始压力应根据焊机的功率而定或参考制造商的使用说明书。

(3)通电预热。在推荐的气压下预热焊机,切记在气体流动的状态下预热焊机,否则可能烧坏焊机。

(4)示温及调整。将一个温度计放在距焊枪末端约 6mm 处检查焊枪的温度。热塑性塑料的焊接温度一般为 204 ~ 399℃,如果温度过高,可加大空气流量(或压力),直至温度降到要求值;如果温度过低,可降低空气压力。

(5)焊接结束后,先断电源,利用流动的冷空气对焊枪进行冷却,待焊枪能用手触摸时,再关断气。如果操作顺序错误,将会损坏焊枪。

3)热空气塑料焊机的维护

维护工作应参考制造商的使用说明书,有些制造商不允许用户自行拆卸设备,否则质保失效。

3. 塑料焊接要点

(1)塑料焊条的选用。焊条必须和被焊件材质相同,正规塑料件背面都有材质标记(即国际标准符号)。对没有标记的塑料件,维修技师一般都会用电烙铁加热背面隐蔽地方,通过观察塑料融化状态或闻气味来判断材质。塑料焊条通常采用颜色编码表示,但各制造厂的编码不同,使用时应参阅制造厂提供的技术资料。如果没有成品焊条,可从同类型报废的塑料件上割下一条作为焊条。但 PP 塑料不能从旧件上取料,因为 PP 塑料加热后性质会发生一定变化,会变得更脆,另外,旧件上取的料为平面结构,与焊条结构不同。

(2)焊接前,要先用热风枪加热校正受损焊件,使其恢复到原来表面轮廓,并释放因事故而产生的内应力。

(3)选择焊缝形式。对于板件的裂缝,为了达到预定的焊接强度,应将零件裂缝制作成双“V”(即 X)形坡口。坡口深度一般两边都为零件厚度的 1/3,坡口的角度约为 60°,坡口形式如图 7-2 所示。对于塑料件的垂直角接,也应在垂直件的两侧开 V 形坡口,并要注意两个零件之间的距离,如图 7-3 所示。

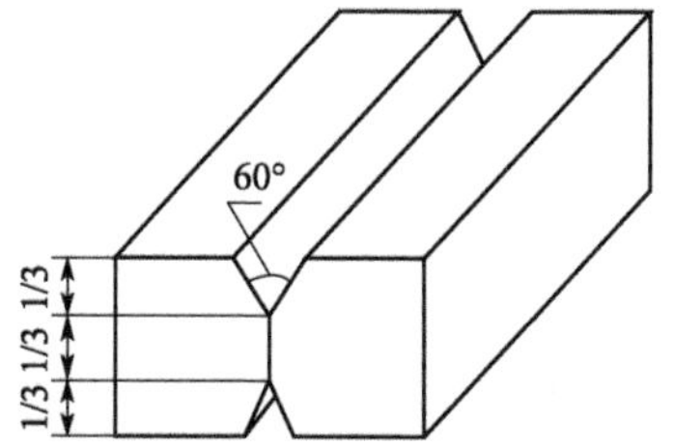

图 7-2 坡口形式

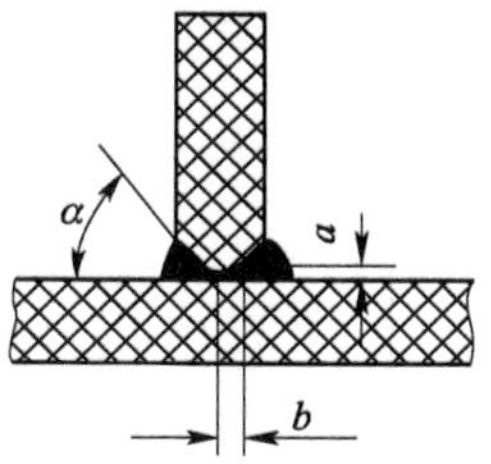

图 7-3 塑料件的 V 形填角焊

$a=1\text{mm};b=1\sim1.5\text{mm};\alpha=50°\sim55°$

(4)制作坡口。坡口一般用专用砂轮机来制作,磨头为锥形,对于较小的地方和锁扣根部,不便用砂轮机,则用电烙铁烫出坡口或用小刀割出坡口。

(5)固定焊缝。选择合适的位置,用电烙铁将焊缝烫连在一起,以防焊接时的错位。在何处烫、烫几个点,要以能否定位为原则。连接点也不宜过多,否则可能会造成孔洞、砂眼,给后续的涂装工作增加难度。

(6)控制好焊接温度。若焊接温度过高,会使塑料烧焦或扭曲;若焊接温度过低,则会使焊接强度降低。

(7)掌握正确的焊接速度。若焊接的速度过快,会使塑料的熔融程度不足而降低焊接强度;但焊接的速度若过慢,也会使塑料变形甚至烧焦。

(8)给焊条施加合适的压力。若压力过大,会使焊缝变宽且扭曲,或在焊条未达到熔融程度已嵌入焊缝,造成焊接不牢固;若压力过小,又会使焊缝的接触面积变小,焊接强度降低。

塑料板的焊缝不应出现棕黄色或皱褶。若出现此现象,说明焊接温度过高。焊缝应看出沿接触两侧焊条与板材完全融合。焊条不应比焊接前拉长或压粗,与原来圆形断面相比,应略显扁平状。如果焊缝不完全互熔,焊缝中有明显的焊条形状,说明焊接热量不足。良好的焊缝应在焊缝的两侧出现小流线或波纹,说明压力和热量适当,焊条与塑料板完全熔合。

二、任 务 实 施

1. 施工程序

在任务实施前,首先要正确掌握塑料件焊接的施工程序,如图 7-4 所示。

2. 焊接准备

(1)安全防护。穿戴好必要的劳动保护用品,包括长袖工作服、护目镜、焊接专用口罩、手套、工作鞋等。

(2)设备工具准备。准备好角磨机(配百叶轮)、专用砂轮机、塑料焊机、电烙铁、气动切割锯、电热吹风机(或红外烤灯)、小刀等,检查其性能是否良好。

(3)材料准备。选择与保险杠材质相同的焊条;人为使保险杠变形;用切割锯在保险杠上切出直的或弯曲的裂缝,或者折断保险杠上的小锁扣,以增加焊接难度。

3. 手工塑料焊接

对于小型塑料件、复杂形状的塑料件及焊缝不长的塑料件,不宜使用高速喷嘴进行焊接,而应使用圆形喷嘴用双手操作进行焊接,焊接程序如下:

(1)塑料如有变形,可以用红外灯或电热吹风机加热变形部位及其周围,如图 7-5 所示。

然后用手将变形部位修正回原形即可，如图 7-6 所示。

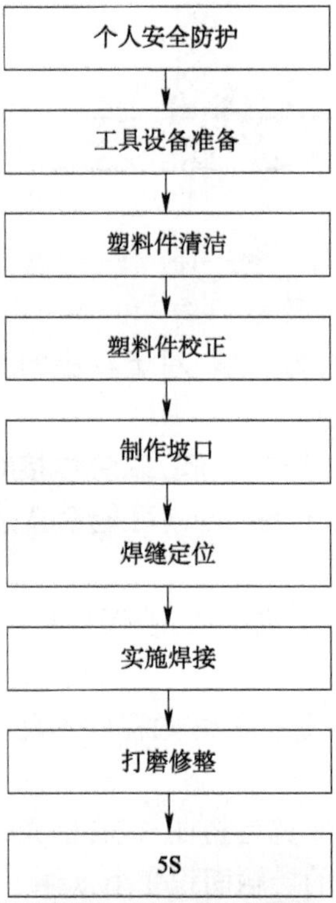

7-4　塑料件焊接施工程序

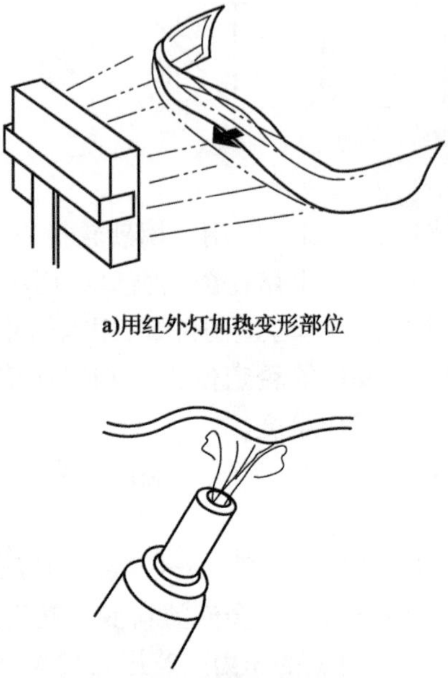

a)用红外灯加热变形部位

b)用电热吹风机加热变形部位

图 7-5　加热变形部位

(2)使用专用砂轮机在损伤部位开坡口为 60°左右的双 V 形坡口，如图 7-7 所示。

(3)用干净的布擦去坡口处的塑料碎屑，注意不要使用塑料清洁剂清理。

(4)选择合适的点，用电烙铁对裂缝进行定位。

(5)选择圆形喷嘴并将其安装到焊枪上。

(6)接通压缩空气，并将气压调整到焊枪规定的压力。

(7)插上电源插头，开始预热焊枪。然后将温度计放在距喷嘴 6mm 处检查热空气的温度，焊接的温度范围应在 200～400℃，如温度不在此范围，应进行调节。

(8)起焊(图 7-8)。一只手拿焊枪、另一只手持焊条，使焊条与母材成 90°夹角，摆动焊枪喷嘴以便同时加热焊条与母材，直到它们发亮、发黏，充分加热，使焊条和零件熔融在一起。

(9)连续焊接。采用扇形轨迹移动喷嘴来对焊条和母材进行持续加热，以保证两者的加热程度一致，同时将焊条压入坡口以形成连续的焊缝，如图 7-9 所示。

(10)完成焊接。当达到焊接末端时，停止几秒钟后移开喷嘴，并继续保持对焊条施压几秒钟。

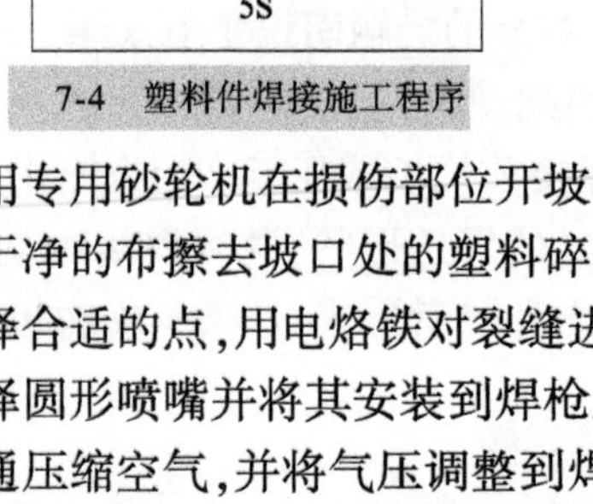

图 7-6　用手修正变形

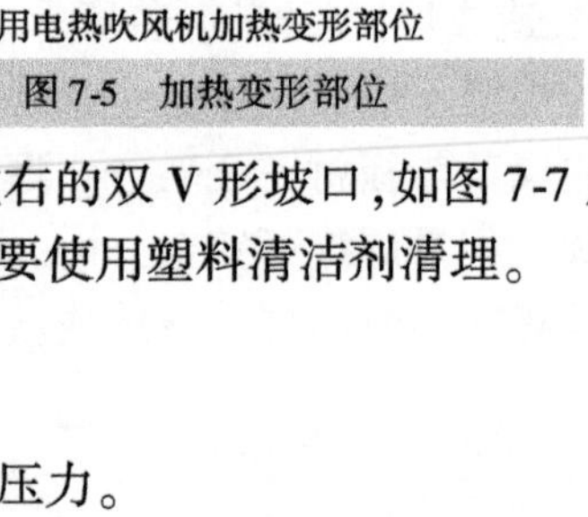

图 7-7　开坡口

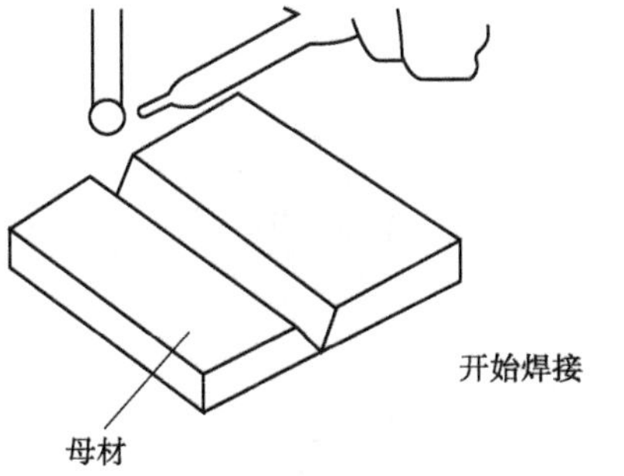

图 7-8　起焊

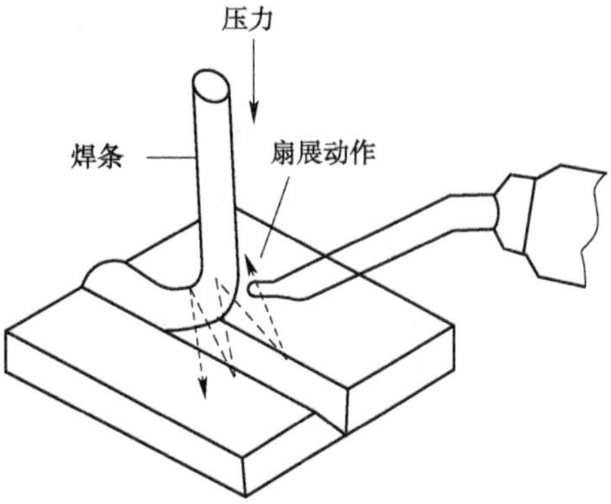

图 7-9　焊接过程

(11)断开焊枪的电源,等待一会后再关闭气源。

(12)冷却焊缝。焊完后冷却硬化 30min 左右。

(13)打磨修整。先用锋利的刀具切割多余的塑料,再用角磨机配百叶轮或打磨机配合 P80、P180、P240 砂纸依次进行打磨,直至达到后道工序的施工要求。

(14)进入涂装工序。

4. 快速塑料焊接

对于狭长的、较为平坦的裂缝,可采用快速焊接,其特点是:使用快速焊嘴,对焊条和母材在焊接前先进行预热;焊条的进给、施压和加热均由焊枪一次完成。

快速焊接的操作程序与手工塑料焊接基本相同,不同在于起焊与完成后的操作,具体程序如下:

(1)施工前的准备。穿戴好必要的劳动保护用品,包括衣帽、眼镜、防尘口罩、防滑手套等。准备好施工中的工具和材料。

(2)使用电烙铁进行焊缝定位。

(3)使用专用砂轮机在损伤部位开坡口:60°左右的双 V 形槽。

(4)选取最适合该类型塑料及损坏状况的焊条,选择的成品焊条直径与坡口尺寸应相当。

(5)选择快速焊嘴并将其安装到焊枪上,将焊条插入预热管中,并把焊条端部切成 60°斜角,如图 7-10 所示。

(6)接通压缩空气,并将气压调整到焊枪规定的压力。

(7)插上电源插头,开始预热焊枪。注意温度是否合适。

(8)起焊。一只手使焊枪与母材保持 90°角压向母材,另一只手将焊条推下,使之与母材接触,如图 7-11 所示。

(9)连续焊接。当焊条与母材粘接后,将焊枪扳成与母材成 45°角,使预热管的导门板与母材完全接触,慢慢拉动焊枪进行焊接。

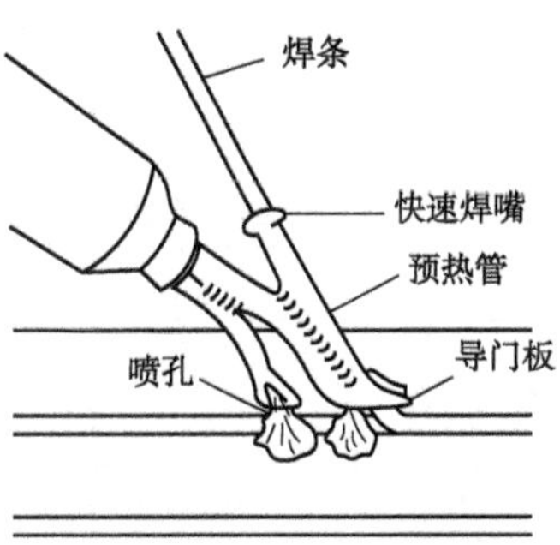

图 7-10　快速焊嘴和焊条的安装

在起焊后的 25 ~ 50mm 内,因焊条与母材的粘接长度短,在移动焊枪的同时,要对焊条施加一定的推力,使焊条顺利进给。当焊条与母材粘接牢固后,只需移动焊枪而不必对焊条施加推力,焊条即可自动进给,如图7-12所示。

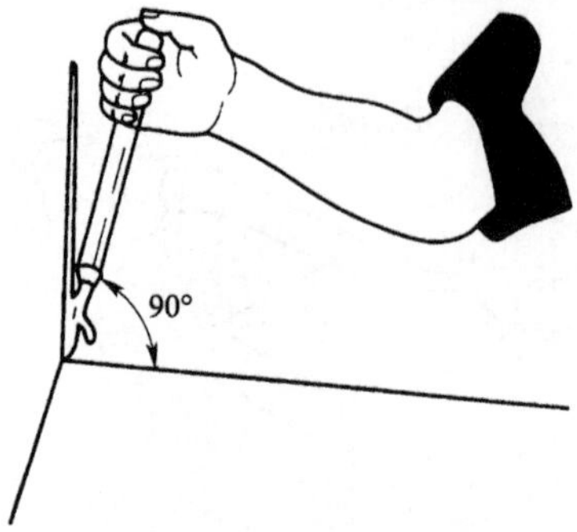

图7-11　起焊角度

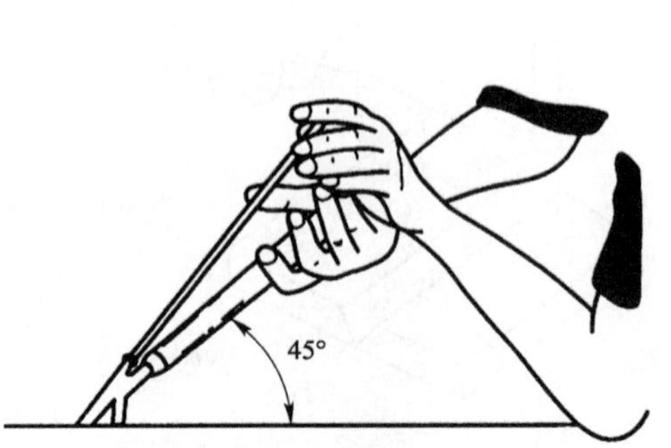

图7-12　连续焊接

(10)结束焊接。在焊接过程中,必须保持焊接速度的恒定。焊接结束时,将焊枪垂直于母材,用锋利的小刀从导门板处切断焊条,并抽出焊条。

三、技 能 考 核

1.作业内容

学生在30min内对100mm长的保险杠裂缝进行焊接。

2.作业要求

学生根据保险杠材质选择焊条,对变形的保险杠进行校正,制作出合适的坡口,焊接完成后打磨整平。

3.设备、工具和材料准备

(1)材料:旧保险杠、塑料焊条。

(2)设备工具:专用砂轮机、电烙铁、吹尘枪、电热吹风机、塑料焊机、单作用打磨机、干磨砂纸、角磨机(配百叶轮)。

4.评分标准

塑料焊接评分标准见表7-2。

保险杠焊接评分标准　　表7-2

序号	评分项目	配分	评判标准	得分
1	开坡口	10	坡口形式不正确扣5分,质量不合格扣5分	
2	焊缝固定	10	固定点选择不正确扣5分,固定不牢扣5分	
3	焊条选择	10	焊条选择不正确扣10分	
4	焊接质量	30	焊缝均匀、无脱焊、无气孔、无砂眼、焊缝高度合适,否则每项扣6分	
5	焊疤打磨	10	砂纸选择不正确扣5分,打磨不平整扣5分	
6	规范操作	10	有不规范操作扣10分	
7	安全防护	10	未使用或错误使用防护用品,每项扣5分	
8	5S	10	考核结束未清理、物品摆放杂乱,扣10分	
9	考核时间	—	考核时间为30min,超过规定考核时间停止操作	
合计		100		

四、评 价 反 馈

1. 自我评价

(1)通过本任务的学习你是否已经掌握以下问题：

①塑料的焊接原理是什么？

______

②热空气焊机的使用规则有哪些？

______

③在进行塑料焊接时为什么要制作坡口？如何制作？

______

④塑料的热空气焊接要素有哪些？

______

⑤工作中哪些材质塑料件可以在报废件上取料做焊条？

______

⑥对缝塑料焊接的程序是什么？

______

⑦塑焊作业时如何做好安全防护？

______

(2)在塑焊过程中用到了哪些设备？你是否已经掌握了这些设备的正确操作技能？

______

(3)实训过程完成情况。

评价：______

(4)工作中的安全防护是否规范?

评价:______

(5)能否积极主动参与工作现场的清洁和整理工作?

评价:______

(6)在完成本学习任务的过程中,你是否主动帮助过其他同学?并和其他同学探讨塑焊的有关问题?具体问题是什么?结果是什么?

______

______

______

(7)通过本学习任务的完成,你认为自己在塑料焊接时哪些方面还有待进一步改善、提高?

______

______

______

签名:______ ______年____月____日

2. 小组评价

小组评价见表7-3 。

小组评价 表7-3

序号	评价项目	评价情况
1	学习态度是否积极主动	
2	是否服从教学安排	
3	是否达到全勤	
4	着装是否符合要求	
5	是否合理规范地使用仪器和设备	
6	是否按照安全和规范的规程操作	
7	是否遵守学习、实训场地的规章制度	
8	是否积极主动地和他人合作、探讨问题	
9	是否能保持学习、实训场地整洁	
10	团结协作情况	

参与评价的同学签名:______ ______年______月______日

3. 教师评价

______

______

教师签名:______ ______年______月______日

附录　教学工作页

教学工作页 1

学校名称			任课教师		
班级		组别		学生姓名	

<table>
<tr><td>学习任务</td><td colspan="3">工件打磨</td></tr>
<tr><td rowspan="2">工作任务</td><td rowspan="2">1. 打磨旧漆层；
2. 打磨焊疤；
3. 维护打磨机(电动、气动)</td><td>学习时间</td><td></td></tr>
<tr><td>学习地点</td><td></td></tr>
<tr><td>课前预习</td><td colspan="3">1. 汽车钣金维修中哪些情况下需要打磨？

2. 汽车钣金维修中一般用什么设备进行打磨？</td></tr>
<tr><td>课堂学习</td><td colspan="3">1. 角磨机一般配备的打磨工具有哪几种？分别用在什么场合？

2. 请你对角磨机进行维护？(要写出维护项目、注意事项和维护后的检查)。

3. 打磨焊疤和除旧漆时有什么要求？

4. 使用角磨机时应注意哪些问题？

5. 请你清除旧漆膜，并评价工作效果。

6. 请你打磨焊疤，并评价工作效果。

7. 在实施打磨时你都采取了哪些安全防护措施？这些够吗？</td></tr>
<tr><td>课后复习</td><td colspan="3">你在操作中总结出了什么经验？有哪些教训？请与同学分享。</td></tr>
<tr><td>备注</td><td colspan="3"></td></tr>
</table>

教学工作页 2

学校名称			任课教师		
班　　级		组别		学生姓名	

学习任务	钢板的钣金锤修复		
工作任务	1. 敲击纸张的点线； 2. 敲击修整延展钢板； 3. 手工修复变形翼子板	学习时间	
		学习地点	
课前预习	在车身钣金维修中，什么情况下会用到钣金锤？		
课堂学习	1. 请说明所提供的钣金维修手工工具是什么种类，并说明其用途（工具实物由教师提前准备）。 2. 使用钣金锤敲击时有哪些要点？ 3. 请用钣金锤在工作台上敲击纸张上的点（用鹤嘴锤小头）和线（用鹤嘴锤大头），并记录实施过程中的体会。 4. 延展薄钢板的整平要点是什么？请你对延展的薄钢板用钣金锤进行整平，并记录实施过程中的体会。 5. 钣金锤顶铁配合敲击修复有哪几种方案？分别用在什么情况下？ 6. 变形的单面隆起翼子板的手工整平思路是什么？ 7. 请用钣金锤顶铁对变形的翼子板实施手工矫正，并记录实施过程中的体会。 8. 你在钣金锤顶铁的手工维修、练习中都采取了哪些安全防护措施？这些够吗？		
课后复习	你在操作中总结出了什么经验？有哪些教训？请与同学分享。		
备注			

教学工作页 3

学校名称			任课教师	
班级		组别		学生姓名

学习任务	钢板的机械修复		
工作任务	1. 确认钢板的变形情况； 2. 制作介子机搭铁点； 3. 焊接介子； 4. 拉拔矫正； 5. 碳棒收火； 6. 铜极收火	学习时间	
		学习地点	
课前预习	1. 在进行车身钣金维修中的板件矫正时，会用到哪些设备、工具？ 2. 在进行车身钣金维修中的板件矫正时，手工修复和机械修复有什么区别？		
课堂学习	1. 认识车身外形修复机。 请在实训室的实物介子机上找到电源开关、电流调节旋钮、功率调节旋钮、时间调节旋钮、时间控制模式选择开关、电源指示灯、故障指示灯、搭铁线及夹钳、焊枪、垫圈焊接头、蛇形线焊接头、铜极缩火头、炭棒缩火头、单面点焊头、炭棒、蛇形线、垫圈拉拔锤、快速焊接拉拔锤、真空拉拔锤等，并说明其功用。 2. 车身外形修复机的基本工作原理是什么？ 3. 车身外形修复机都有哪些功能？ 4. 搭铁点的选择原则和设置方法是什么？请你设置一个搭铁点，并进行评价。 5. 一般用什么方法确定覆盖件变形部位和变形程度？运用这些方法时，都有什么要求？请确认所给板件的变形情况。 6. 维修中对覆盖件修复后的质量有哪些要求？ 7. 焊接垫圈时如何选择电流、时间和控制模式？ 8. 如何焊接垫圈？ 9. 如何拉拔垫圈？动作、姿势方面有什么要求？ 10. 用车身外形修复机修复覆盖件时，垫圈的分布、拉拔力度的大小、拉拔的次序如何确定？ 11. 一般什么原因能造成焊接垫圈时出现较大火花？		

续上表

<table>
<tr><td colspan="2">学习任务</td><td>钢板的机械修复</td></tr>
<tr><td colspan="2">课堂学习</td><td>12. 铜极收火应用在什么场合？使用中有什么注意事项？

13. 炭棒收火应用在什么场合？使用中有什么注意事项？

14. 当变形部位既有棱线又有平面时，应采用何种修复方案？如何修复棱线？

15. 请尝试用介子机修复变形门板，并记录实施过程中的体会。看看你的修复效果如何。

16. 你在板件的介子机维修中都采取了哪些安全防护措施？这些够吗？</td></tr>
<tr><td colspan="2">课后复习</td><td>1. 车身上的任何钢板变形了都能用介子机修复吗？为什么？

2. 你在操作中总结出了什么经验？有哪些教训？请与同学分享。</td></tr>
<tr><td colspan="2">备注</td><td></td></tr>
</table>

教学工作页 4

学校名称			任课教师	
班级		组别		学生姓名	

学习任务	车身钣金件的切割		
工作任务	1. 使用气动切割锯切割钢板及钣金件； 2. 使用等离子切割机切割钢板及钣金件； 3. 维护气动切割锯； 4. 维护等离子切割机	学习时间	
		学习地点	

课前预习

1. 在现代车身钣金维修中，什么情况下需要切割？

2. 钣金维修中一般会用到哪些切割设备？哪些是合理的？哪些更好？

课堂学习

一、气动切割锯切割

1. 认识气动切割锯。

请写出右图各序号代表的零部件的名称：

1-____________；

2-____________；

3-____________；

4-____________；

5-____________；

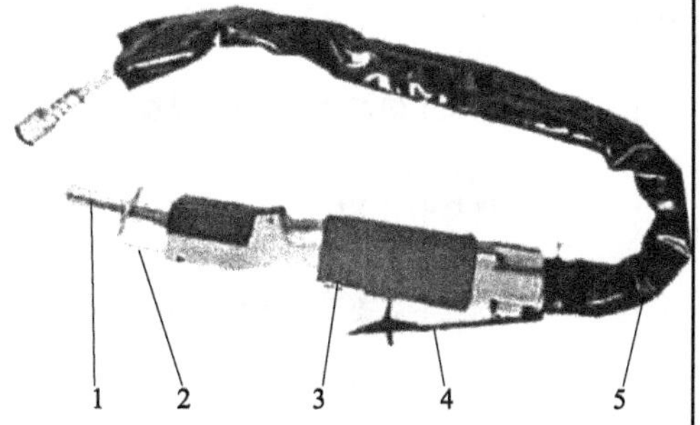

2. 锯条是如何分类的？分别有何特点？不同锯条分别用在什么场合？

3. 如何更换锯条？（制定计划并实施）

4. 气动切割锯操作要点（技术及安全）有哪些？

5. 请使用气动切割锯切割薄钢板，并记录实施过程中的体会。你认为切割的效果如何？

6. 你在切割钢板时都采取了哪些安全防护措施？这些够吗？

二、空气等离子切割

1. 等离子切割系统组成（请写出下图各序号代表的零部件的名称：）：

续上表

<table>
<tr><td>学习任务</td><td>车身钣金件的切割</td></tr>
<tr><td>课堂学习</td><td>
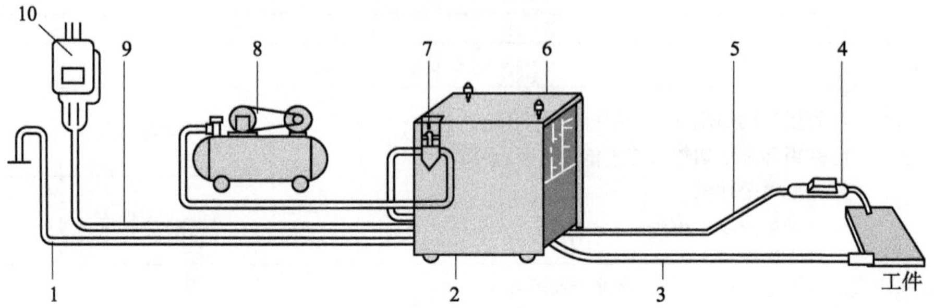

1-____________;2-____________;3-____________;4-____________;5-____________;
6-____________;7-____________;8-____________;9-____________;10-____________。
2. 等离子切割有哪些特点？
3. 等离子弧是如何形成的？
4. 使用等离子切割机切割钢板时有哪些注意事项？
5. 实际维修中对钢板切割质量有什么要求？
6. 什么情况下需要更换喷嘴和电极？如何更换？请你亲自更换。
7. 小组讨论分析等离子切割时无法起弧的原因。
8. 请你对所给钢板实施等离子切割（材料：废钢板；要求：练习时在钢板下垫废车门），并记录实施过程中的体会。你认为切割的效果如何？
9. 你在板件的等离子切割中都采取了哪些安全防护措施？这些够吗？
</td></tr>
<tr><td>课后复习</td><td>1. 如何用等离子切割机切割塑料件？
2. 你在操作中总结出了什么经验？有哪些教训？请与同学分享。</td></tr>
<tr><td>备注</td><td></td></tr>
</table>

教学工作页 5

<table>
<tr><td>学校名称</td><td colspan="2"></td><td colspan="2">任课教师</td><td></td></tr>
<tr><td>班级</td><td></td><td>组别</td><td></td><td>学生姓名</td><td></td></tr>
</table>

<table>
<tr><td colspan="2">学习任务</td><td colspan="3">钢板的气体保护焊接</td></tr>
<tr><td colspan="2" rowspan="2">工作任务</td><td rowspan="2">1. 使用 CO_2 气体保护焊对缝焊接薄钢板；
2. 在薄钢板上钻孔；
3. 使用 CO_2 气体保护焊填孔焊接薄钢板；
4. 维护 CO_2 气体保护焊接系统</td><td>学习时间</td><td></td></tr>
<tr><td>学习地点</td><td></td></tr>
<tr><td>课前预习</td><td colspan="4">1. 汽车钣金维修中一般用哪些设备来焊接？

2. CO_2 气体保护焊在车身制造和维修中的用途有哪些？</td></tr>
<tr><td>课堂学习</td><td colspan="4">1. 认识 CO_2 气体保护焊焊接系统。
请在实训室的 CO_2 气体保护焊焊接系统上找到焊机、气瓶、气瓶开关、压力表、流量调节阀、减压阀、加热器、焊枪、搭铁线、送丝机构、电流调节旋钮、走丝速度调节旋钮、断续开关、断续时间调节旋钮、焊接开关、焊机开关等，并说明其功用。
2. CO_2 气体保护焊的基本工作原理是什么？

3. CO_2 气体保护焊有何特点？

4. 对 CO_2 气体有何要求？

5. 请排出 CO_2 气体中的水分（教师提前倒置气瓶 2h 以上）。

6. 请实施气瓶更换任务（要写出注意事项和更换后的检查项目）。

7. CO_2 气体保护焊焊丝有哪几种？对焊丝有哪些要求？

8. CO_2 焊机送丝机构有哪几种？各有何特点？我校实训室的属于哪一种？

9. 请你实施焊丝更换任务（要写出注意事项）。

10. 导电嘴有哪几种？什么情况下需要更换导电嘴？

11. 请实施导电嘴更换任务。</td></tr>
</table>

续上表

学习任务	钢板的气体保护焊接
课堂学习	12. CO_2加热器使用中有什么注意事项？ 13. CO_2焊机中的控制单元是如何控制焊丝、CO_2气体和通断电的？请你用实物来展示其控制特点。 14. CO_2气体保护焊焊接参数有哪些？它们之间有什么关系？ 15. 什么是左焊法、右焊法？分别有什么特点？ 16. CO_2气体保护焊运丝方式有哪几种？运丝时应注意什么？ 17. 如何检验无衬板的薄板对缝焊接是否合格？ 18. 进行无衬板的薄板对缝焊时有什么注意事项？ 19. 请实施薄钢板的无衬板对缝焊接，并评价焊接效果。 20. 请比较并分析汽车钣金用钻头与普通钻头的区别。 21. 使用气动钻钻孔时应注意什么？ 22. 请你用气动钻在薄钢板上钻孔，并对结果进行评价。 23. 填孔焊时应注意什么？ 24. 请实施填孔焊，记录体会，并对结果进行评价。 25. 你在实施CO_2气体保护焊时都采取了哪些安全防护措施？这些够吗？
课后复习	1. 车身维修中能否用电焊和氧乙炔焊？为什么？ 2. 你在操作中总结出了什么经验？有哪些教训？请与同学分享。
备注	

教学工作页 6

学校名称			任课教师	
班级		组别		学生姓名	

学习任务	薄钢板的电阻点焊		
工作任务	1. 使用电阻点焊机实施薄钢板焊接； 2. 维护电阻点焊焊接系统	学习时间	
		学习地点	
课前预习	1. 汽车钣金维修中一般用哪些设备来焊接？ 2. 电阻点焊在车身制造和维修中有哪些用途？		
课堂学习	1. 认识电阻点焊系统。 请在实训室的电阻点焊系统上找到焊机、点焊枪、点焊枪线、介子机焊接线、冷却系统、焊机开关、气压调节阀、功能选择按钮、电流调节旋钮、时间调节旋钮、焊枪电极、焊接开关、外张开关等，并说明其功用。 2. 进行电阻点焊时对焊点的位置和焊接顺序有什么要求？ 3. 请实施电极维护(要写出维护项目、注意事项和维护后的检查)。 4. 在进行电阻点焊前要做哪些工作？ 5. 在进行电阻点焊时如何选择气体压力、焊接电流和焊接时间？ 6. 请实施薄钢板的焊接，并记录操作过程中的体会。 7. 你的焊接质量怎么样？你是如何检验的？ 8. 你在实施 CO_2 气体保护焊时都采取了哪些安全防护措施？这些够吗？		
课后复习	你在操作中总结出了什么经验？有哪些教训？请与同学分享。		
备注			

教学工作页 7

学校名称			任课教师	
班级		组别		学生姓名	

学习任务	塑料件焊接		
工作任务	1. 辨识塑料件； 2. 制作塑料件焊缝的坡口； 3. 矫正变形的保险杠； 4. 焊接保险杠的裂缝； 5. 焊接保险杠的锁扣(自选)	学习时间	
		学习地点	
课前预习	1. 在车身钣金维修中,哪些塑料件经常采用焊接修复？ 2. 在车身钣金维修中,保险杠什么情况下需要维修,什么情况下需要更换？		
课堂学习	1. 请说明所提供的塑料件是什么种类,并判断其能否焊接(塑料件由教师提前准备)。 2. 常见热风枪焊机的使用规则是什么？ 3. 塑料件焊接维修的施工程序是什么？ 4. 请对损伤的塑料件实施加热矫正,并记录实施过程中的体会。 5. 为什么在焊接塑料件时要制作坡口？坡口有哪几种类型？用什么工具制作？ 6. 请在所给塑料件的焊缝上制作出坡口,并记录实施过程中的体会。 7. 请对所给塑料件的裂缝实施焊接,并记录实施过程中的体会。 8. 愿意尝试更难的操作吗？如果是,请焊接保险杠上的锁扣,并记录实施过程中的体会。 9. 你在塑料件的焊接维修中都采取了哪些安全防护措施？这些够吗？		
课后复习	1. 请焊接热固性塑料,效果如何？ 2. 你在操作中总结出了什么经验？有哪些教训？请与同学分享。		
备注			

参考文献

[1] 李远军.汽车车身焊接技术[M].北京:人民交通出版社,2009.
[2] 交通运输部职业资格中心.机动车整形技术[M].北京:人民交通出版社,2012.
[3] 韩星.汽车车身修复技术[M].北京:冶金工业出版社,2013.